普通高等院校规划教材·公共基础课系列

CREAT

主编◎黄萧萧

创新创业创未来

|微|课|版|

Innovation
Entrepreneurship
Create the Future

FUTURE

电子科技大学出版社
University of Electronic Science and Technology of China Press
·成都·

图书在版编目(CIP)数据

创新创业创未来 / 黄萧萧主编. —成都:电子科技大学出版社,2020.9

ISBN 978-7-5647-8106-4

Ⅰ. ①创… Ⅱ. ①黄… Ⅲ. ①大学生—创造教育 Ⅳ. ①G640

中国版本图书馆 CIP 数据核字(2020)第 135953 号

创新创业创未来

CHUANGXIN CHUANGYE CHUANGWEILAI

黄萧萧　主编

策划编辑　罗　丹

责任编辑　罗　丹

出版发行　电子科技大学出版社

成都市一环路东一段 159 号电子信息产业大厦九楼　邮编:610051

主　　页　www.uestcp.com.cn

服务电话　028-83203399

邮购电话　028-83201495

印　　刷　天津市蓟县宏图印务有限公司

成品尺寸　185mm×260mm

印　　张　16.5

字　　数　330 千字

版　　次　2020 年 9 月第 1 版

印　　次　2020 年 9 月第 1 次印刷

书　　号　ISBN 978-7-5647-8106-4

定　　价　52.00 元

前言

【编写背景】

一切基于我们所处的时代。

我们谁都没有意料到，2020 年是以这样的方式打开的。

疫情终会散去，但时代变化的脚步却不会放缓。黑天鹅事件越来越多、知识的“半衰期”越来越短，这个充满易变性、不确定性、复杂性和模糊性（Volatility、Uncertainty、Complexity、Ambiguity，VUCA）的时代，正展开双臂迎接着我们正在培养的一代人。作为教育工作者，我们需要思考，我们的教育能否帮助学生应对这个 VUCA 的时代。

正是在这样的时代背景下，作为一种新的人才培养质量观，创新创业教育正在推动着高等教育人才培养模式的深刻变革，它已成为一名合格大学生知识能力素质的必备内容。要想让大学生具备敢闯的素质、会创的本领、家国的情怀，高校需要在体制上、机制上促进协同育人，在教学模式上促进从“单声道”到“双声道”的升级，在教学理念上促进“以学生为中心、以成果为导向”的实现。

创新创业基础课程作为高校创新创业教育体系的基石，肩负着国家所要求的创新创业教育要“面向全体”的重要功能。创新创业基础课的重点并不在于培养出多少短时期内自谋职业的“生意人”，而在于培养学生的创新意识、创业思维及创新创业能力，激发学生创新创业的热情。我们希望在此种下创新创业的种子，培养能够很好地适应时代的快速变化和未来国家创新发展需要的创新驱动型人才。

本书正是基于这样的时代背景和教育目标而生——努力编写出一本基于实践的双创课堂通识教材，真正做到“以学生为中心、以任务为驱动、以能力为核心、以成果为导向”。

【教材特色及使用建议】

本书以国际创新创业教育研究前沿理论为基础，以效果推理逻辑为理论框架，汲取了设计思维方法论、精益创业方法论、美国百森商学院的创业思维与行动等理论及方法。

本书从充满了不确定性时代特征的创业情境入手，提出了应对不确定性的创业思维，借此阐述大学生学习创新创业课程的意义，同时引导学生进行自我认知并组建创业团队，继而以团队为单位推进项目生成并进行整体考核，以此进入问题探索—创造发生—创新产品—创业项目的项目实践学习过程。本书可以使学生既像设计师一样思考，又像创业者一样行动，“边做边学（Learning by Doing）”地完成一个创新创业项目原型的设计与开发工作，然后通过对商业模式的系统梳理及路演展示，以创业计划书的形式沉淀课程成果，最后对有潜力的项目进行打磨培育，对标中国国际“互联网+”大学生创新创业竞赛及其他双创赛事，令双创基础课程真正发挥学校创新创业教育体系的基石作用，点燃学生创新创业激情的火种。

本书各模块的主要内容及使用建议如下。

教学模块	主要内容及使用建议
变化的环境与创新创业	了解创业首先要了解创业情境。本模块从介绍我们所处的 VUCA 的时代特点出发，介绍了创业教育效果推理理论的框架及五大原则，提高学生分辨管理思维与创业思维的能力，以及根据不同情境调整相应思维模式的意识。本模块是基于认知思维的升级，为后续的课程学习和行动探索打开思维，逐步培养在行动中探索、创造的能力

续表

教学模块	主要内容及使用建议
创业者与创业团队	提升学生自我认知的能力，了解资源类型，梳理自身资源，并树立行动信念；对创业团队的生成、建设和发展，及创业团队的内涵特征进行了介绍。本模块中，通过训练任务的引导，学生将组成若干创客小组，并以小组形式完成整个课程的全部任务
问题探索与机会识别	问题是创业机会的起点。引导学生发现生活中的问题，找到值得去解决的“痛点”，是促进学生自主学习、不断推进项目的基础。本模块通过学习问题的价值与机会识别的途径，提升学生共情力，使学生能够深入探索用户需求，掌握定义问题的技巧，探索出一个“问题”，并拓展了解创业机会的类型
创新思维开发	只有冲破思维障碍，才能更好地探索解决问题的方案。本模块通过对创新意识的启迪，突破思维定式，从不同维度锻炼学生的思维，提高其认知水平
创意方案探索	如何有创意地做出解决方案，本模块给出了步骤清晰的多种创意方法，如头脑风暴的集体创造方法。结合教材内容，引导学生对模块中的问题进行创意方案的探索，然后对创意方案进行评估，聚焦形成初步方案
产品原型开发与市场测试	使学生了解精益创业方案论，掌握最小可行性原型的概念和特征，掌握常见的原型呈现方式，能够将自己的创意方案做成最小可行性原型，并理解市场测试的目的，掌握市场测试的基本方法，并能够对自己的项目开展内外部测试
市场营销与商业模式	本书完整地设计展示了从“问题与方案的匹配、方案与产品的匹配、产品与商业模式的匹配”的推进过程。本模块意在使学生了解市场营销组合，掌握商业模式的概念，理解商业模式的各个要素及逻辑关系，并能够使用商业模式画布分析他人商业模式，设计出适合自己项目的商业模式
商业计划书	商业计划书是获得投资的重要依据，也是一份全方位的公司计划，是学生为创业项目理清思路的载体，也是课程成果对标创业竞赛的有效手段。本模块使学生了解商业计划书的写作目的及撰写原则，掌握商业计划书的基本结构及核心要素，并能够自主撰写项目商业计划书
商业路演	创业不能闭门造车，路演具有凝聚人心、吸引资源、成交客户等多种功能，是项目团队与他人沟通的重要表达方式，也是所参与的各类双创竞赛进入关键阶段的重要考核。本模块可以使学生了解商业的运行需要资源的支撑，了解资源的获取渠道，并结合创新创业竞赛等实践活动的需要，培养学生掌握一定的商业路演技能，能够对自己的项目进行清晰的路演展示
创新创业竞赛	作为本书的最后一个模块，它是双创基础课课程成果对标双创实践活动体系的阶梯。本模块重点介绍了参与创新创业竞赛对大学生的价值，重点解读了中国国际“互联网 +”大学生创新创业竞赛等权威赛事的规则，鼓励学生勇敢弹奏自己的青春音符，融入时代最强音

本书“以学生为中心”的理念同样体现在体例设计上。编写组有意识地选择贴近当代大学生认知的案例，从“互联网 +”大赛金奖到网络最新热点事件，到知名企业的创业经历，配合问题探索，让学生易于理解、乐于分析。每个模块后都设置有任务训练，让学生做到在探索行动中学习。同时结合教材内容配有插图，以可视化的形式帮助学生理解核心知识。本书可作为高等院校创新创业基础课教材，也适合希望从 0 到 1 开展创业实践的初创型创业者使用。

【编写分工】

本书由黄萧萧担任主编，负责课程结构设计、统编定稿等工作。全书各章节具体分工如下：模块一、二、三、七由黄萧萧编写；模块四、五由师建华编写；模块六由李俊辉编写；模块八由李俊辉和黄萧萧共同编写；模块九由刘锦鑫和黄萧萧共同编写；模块十由何丽和黄萧萧共同编写。

【鸣谢】

本书在编写过程中，借鉴了国内外同行专家的书籍、文章及大量研究资料，参考使用了教育、财经、新闻、创业类网站及公众号的一些内容，整理了有典型代表的创新创业竞赛获奖项目的案例，对此我们对原创作者表示衷心的感谢；同时感谢为本书进行插画的创作团队。

由于编写时间比较仓促，加之编者水平有限，书中难免存在疏漏和不当之处，敬请各位指正，便于以后修订。

编　者

2020 年 5 月

目 录

模块一

变化的环境与创新创业

Part 01

项目一

你了解这个时代吗?

ideas
SHINE THROUGH

案例导入

2020 年新冠疫情下，盒马鲜生的“神来之笔”

2020 年的春天，一场突如其来的疫情，让中国好像按下了暂停键，商业停摆。这场疫情，对很多企业来说，可能接近于灭顶之灾。每年的春节，原本是餐饮业的旺季，几乎所有餐饮企业都已经提前准备好了食材。但 2020 年的春节，所有人都在家过年，预付的订金商家也只好退还给了客人。

受疫情影响，复工时间一再延迟，每停工一天，就意味着企业要承担包括房租、工资、贷款等各种支出。此前，西贝餐饮董事长贾国龙以西贝为样本，道出了餐饮业的具体困局:“即使贷上款发工资，我觉得撑不过三个月。”

但无论处于什么样的状况，任何危机下都能滋生一定的商机。所有事情，思路决定出路。一度遭遇困境的新零售企业订单呈现爆发式增长，人手颇为短缺。就在这时，盒马鲜生北京区总经理李卫平，在疫情紧张的时刻，在内部提出这样一个设想：吸纳餐饮企业正在歇业的员工，补充到盒马鲜生（以下简称“盒马”）的团队中来。

盒马的思路，大致是这样的:

（1）联系几家餐饮企业，如云海肴、青年

餐厅等。

（2）告知合作意向，大家共同对抗疫情。

（3）餐饮企业待业的员工，过渡到盒马上班。

（4）在这期间，盒马负责体检，盒马出工资，盒马买保险，以此减轻餐饮企业在这个阶段的负担。

（5）通过面试、培训、体检之后，双方签署临时劳务合同，餐饮企业待业员工分别入驻盒马全国各地门店。

（6）如果合作顺利，那么就邀请更多餐饮企业一起合作。

（7）疫情过后，归还员工给餐饮企业，并与餐饮企业开展更加深入的合作。

于是，2020年2月3日，盒马官方微博发布了这则消息，在网上引起一片赞叹，被网友称为“神来之笔”。

这个措施可谓是做到了一举三得：一来，解决餐饮企业目前的困境，人工成本下降，员工得到妥善安置，年后也不担心员工因为没工作而离开；二来，盒马因为补充餐饮企业的人员，运营与效率将会大大提升，同时解决了疫情期间招工难的问题；三来，因为人员的充足，盒马才能真正保证兑现全国200多家门店不打烊、不涨价的宗旨，保障蔬果供应充足稳定，服务百姓。同时盒马体现了作为企业的极强的社会责任担当，收获了广泛的美誉。

（案例来源：腾讯网，疫情催生“共享员工”，盒马大喊：西贝，快把员工租给我！）

问题探索：面对突如其来的疫情，面对这个世界的巨大不确定性，盒马的做法给了你什么启示？

核心知识

一、VUCA时代的特征

我们常感叹，这个世界变化太快！而这个世界不是一诞生就这么快的，而是随着人类认知的不断深入、知识积累不断增加、创新不断提升，变化的速度才不断加快。在18世纪，知识更新周期为80~90年；19世纪到20世纪初，知识更新周期缩短为30年；

20 世纪 60~70 年代，一般学科的知识更新周期为 5~10 年；而到了 20 世纪 80~90 年代，许多学科的知识更新周期缩短为 5 年；而进入 21 世纪以来，许多学科的知识更新周期已缩短至 2~3 年。特别是互联网广泛使用的这几十年，随着大数据时代的来临，变化明显加速。现在新技术信息每两年增加 1 倍，这意味着，很多学科大学一年级所学的知识，到三年级就有二分之一过时了。

视频讲解

人类从昨天的变化中走到了今天，还将从今天的变化中走向明天，变，才是这个世界上永恒的真理。依据变化形势来判断，未来的变化速度只能越来越快，不大可能出现变慢或者停下来的现象。

哈佛大学研究者预言 40 年后的工作形态：办公室的概念基本上消失了，工厂里到处都是机器人，需要手工的工作很少很少，机器人将控制大部分手工工作。办公室也将消失，即使还存在一小部分，大部分时间这些办公室也是空的。赖以工作的地方——企业——的形体随之消失。人们将在家中、在交通工具上、在餐馆、在公园工作。这个在家办公的预言，并没有等到 40 年后，在 2020 年的春天，就被新型冠状病毒提前实现了。

在过去我们有很多的经营管理思想，包括创业的相关理论和思想，都是基于一个比较稳定的状态下做出来的。但是今天的时代已经进入一个快速变化的时代，在这个时代里面，出现了一个术语叫“VUCA”。

“VUCA”很好地总结了当前时代的一些特征，它是 Volatility（易变性）、Uncertainty（不确定性）、Complexity（复杂性）、Ambiguity（模糊性）几个单词的首字母缩写。

这个术语最开始是用在军事活动里的，原宝洁公司首席运营官罗伯特·麦克唐纳（Robert McDonald）借用这个军事术语来描述这一新的商业世界格局：“这是一个 VUCA 的世界”。

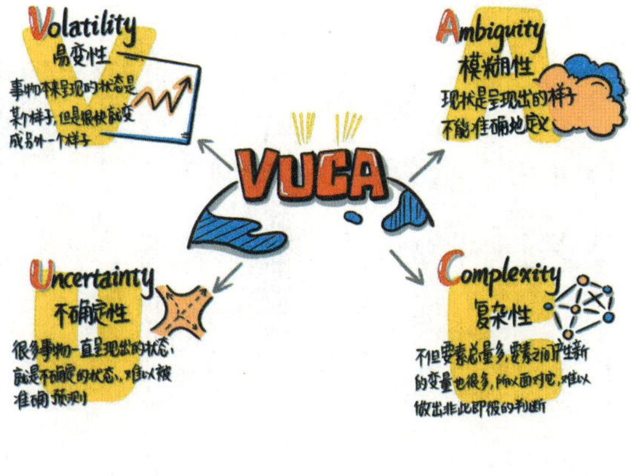

V=Volatility（易变性）

特征：本义是挥发性，事物本来呈现的状态是某个样子，但是很快就变成另外一个样子了。

举例：一场突如其来的新冠疫情，使得2020年春节前后口罩等物资异常紧缺，继而导致了价格的在一定程度上上涨。

U= Uncertainty（不确定性）

特征：很多事物一直呈现出的状态就是不确定的状态，难以被准确地预测。

举例：竞争对手的新产品发布悬而未决、消费者的喜好变化很快、现在看上去领先市场的产品，很难预测究竟能取得多大的成绩。

C= Complexity（复杂性）

特征：不但要素总量多，要素之间产生新的变量也很多，所以面对它，你难以做出非此即彼的判断。

举例：开展外贸生意，每个国家的市场环境、监管体系、关税体系和文化价值观千差万别，可谓“失之毫厘，谬以千里”。

A=Ambiguity（模糊性）

特征：现状是呈现出的样子不能准确地定义，这种状态就像我们看云，有人看像蘑菇，有人看像一只狗。

举例：决定在一个未成熟的市场开展业务，这个市场究竟是什么情况，是个金矿，还是个巨坑，一眼看不透。

面对VUCA，我们或许会心生这是一个充满困难的时代的想法，因为这个时代充满了易变性、不确定性、复杂性、模糊性，会导致很多事情无法通过提前规划或主动出击来应对。

然而，任何困难中都蕴藏着机会，学会用积极、正确的思维模式去应对，才能打破现状实现与众不同的人生际遇。

二、VUCA时代，我们该怎么办？

世界发展到了VUCA时代，就像是由工程制图发展到了儿童涂鸦阶段，感觉变得不可名状，“说清楚”变得不那么容易了。在这样一个变革时代，社会在转型，企业在转型，个人也需要去转型。而所有的转型最终都要通过思维转型来实现。

我们看到很多成功的企业家在变动的时代把握住机遇，比如腾讯的马化腾、阿里巴巴的马云、海尔的张瑞敏、华为的任正非、苹果的乔布斯。如果我们看过他们的传记或者听过他们的演讲，是不是也能够像他们一样做出一番成绩呢？

答案显然是很难的，我们也许看到了每个人的成功故事，但是这些成功故事背后本来就由独特的因素构成，是难以复制的。

要想做出他们那样的成就，最重要的是像他们一样去思考。更重要的是知道他们面对同样的时代、同样的变化，是什么因素使他们做出了与其他人不同的决策，即他们思考问题的方式，即思维方式。

所以思维到底是什么？

从概念上来说，思维是人脑借助于言语、表象和动作实现的对客观事物的概括和间接的反映。

首先知道思维有很多工具，比如言语、表象、动作等，这都是思维的工具。最重要的是，我们要通过工具知道什么是思维的本质。

思维的特性有以下三点。

首先，思维是一个过程，是在过程中存在的。所以锻炼思维需要在行动过程中进行。

其次，思维是问题引导的。当你在面对一个问题的时候，你进行了思考，才是思维。因此学会问问题是重要的。

最后，思维的过程就是决策的过程。思维的品质其实就是决策的品质。

VUCA 是我们面对的时代的常态，身处变化的环境之中，我们都需要学习更好地应对不确定性的思维和方法，而最好的方式就是学习创新创业，学习成熟的专家型创业者的思维模式。

拓展训练

两人一组，分享一个在你自己身上发生的，或者你知道的在你认识的人身上发生的，你认为和创业有关的一件事。

项目二

为什么要学习创新创业?

案例导入

暖心学霸打造“北大流浪猫图鉴”

2020 年的 4 月份，# 北大猫咪图鉴 # 登上微博热搜，瞬间收获一批好评。原来有网友把北大学生做的一款名为“北大猫咪图鉴”的小程序截图发到网上。这个小程序中记录了近百只猫咪的情况。其中包括给猫咪起的名字、毛色、性别、健康状况、绝育情况，甚至还有每只猫的具体“性格”和其他猫的关系等。

比如，一只名为“大威”的猫咪性格是“吃东西时可以一直摸”；名叫“墨方”的猫咪性格则是“怕人，安全距离 1m 以内”；名叫“山竹”的猫咪也“怕人”，而且和一只名叫“大哥”的猫“处不来”……此外，小程序还对记录在案的流浪猫分为“在校”“毕业”“休学”“喵星”四类。其中，“毕业”代表已被领养，“休学”则意味着很长时间没被看到。

对于这次走红，北京大学学生流浪猫关爱协会会长范瀚允至今仍然觉得有些意外，“大家都没有预料到”。他自己也不太清楚怎么会一下子收到如此多的关注。不过，范瀚允猜测，大家这么感兴趣，可能也是跟之前一些和猫咪等宠物有关事件造成的。“再加上我们的小程序确实相对来讲比较有新意，里面有一些小故事，比如各种猫之间的关系，这些可能也比较吸引人。”

事实上，范瀚允他们“为流浪猫定制一款小程序”这个想法从 2019 年就开始有了。在这之前，协会只是将校园内流浪猫的信息用 Excel 表格进行归纳。

范瀚允介绍，“把这些信息做成小程序的想法，是我们协会一个同学提出来，然后他自己做出来的；协会的其他同学一起帮忙完成了内容整理。当时我们主要是希望通过这个小程序帮助协会的同学更熟悉校园内的这些流浪猫。”

2019 年 9 月，小程序已经上线。“开始只有猫的照片、名字、性别这些最基础的信息。后续是大家想到什么点子，就慢慢加上，最后形成现在的界面。”

而协会中有几人会每天定时定点给校园里的流浪猫喂食、喂水。

这次“出圈”后，很多朋友前来询问，可否将这款小程序推广至其他地区。北京大学学生流浪猫关爱协会通过微博表示，小程序已标注开源，全部程序无偿开放，任何个人与团体皆可免费使用，以搭建自己的流浪救助手册。

不过，范瀚允坦言，“喂猫”并不是协会的全部工作。

“我们有同学负责给学校里的流浪猫找家、送养，审核领养人资格；也有同学负责将伤猫、病猫送医，没有绝育的猫也由他们抓捕，然后送去医院做绝育；另外还有专门负责网络平台运营、摄影等工作的同学。”

“北大流浪猫图鉴”小程序截图

（案例来源：腾讯网，暖心！学霸打造“北大流浪猫图鉴”火到教学网一度崩溃）

问题探索：“北大流浪猫图鉴”小程序从无到有，再到访问人数爆棚的过程，你认为是一次创业吗？

核心知识

一、什么是创业

狭义的创业就是从零开始创办一家新的企业。在英文中常用“Start Up”一词。

广义的创业，是开创一项新的事业，在英文中常用“Entrepreneurship”来强调，是指在开创一项新的事业的过程中，应具有的创新创业的精神。在中文语境中，最早出现于《孟子·梁惠王下》：“君子创业垂统，为可继也”。《辞海》中，创业被解释为“开创基业”。

在广义创业的概念下，每个努力实现自己有价值想法的人，都是创业者。

小白喜欢旅游，她设计了一个大西北环线旅游路线，并说服了朋友和她一起出游。

小黄是视觉传媒专业的学生，他帮老师的一门课程做了全程的视觉引导。

视频讲解

小蓝喜欢拍视频，他用课余时间，拍摄短视频上传到抖音，半年时间吸粉20万。

…………

二、创业思维与管理思维

打高尔夫球和骑自行车这两种体育运动的运动形式是完全不同的。

高尔夫球运动，是将一颗球自发球台连续打击至其进洞为止。简而言之，即是由第一杆开始，接着第二、第三杆，重复地击球，将球打进洞，除此之外便别无他法。通常打满一个整场要把球打进十八个洞算完成。而且高尔夫球运动对运动环境、条件、用具，甚至是着装都有较明确的标准要求。

而骑自行车作为一项休闲运动，则没有太多的规则限制，只要你会骑自行车，只要身边有一辆自行车，哪怕是一辆共享单车，你随时随地都可以开始运动。你可以独自骑行，也可以约任意数量的伙伴一起骑。骑的路线、骑的方向、骑的时间长短都由你决定，路程中看到风景美丽可停下来欣赏或者直接切换一条突然发现的新路线，也可能会有不一样的体验。

这两种运动方式其实也代表了两种不同的思维模式。

高尔夫球代表的是一种预测性的管理思维：装备齐整、穿戴得体、到特定的场地、有明确的目标，每挥出的一杆都向着特定的球洞。通常高尔夫球爱好者也会有熟悉的球场打球，于是球达到每一洞应该预计不多余多少杆，在成熟的高尔夫球手心中都是有数的。可以说，基本上整个运动的过程和预计的相差不大，顶多是发挥好坏，多了几杆少了几杆球进洞的差别。

而自行车运动代表基于效果推理的创业思维。这场骑行开始的时候，也许你并没明确一定要骑到什么地方，只是看到路边停着一辆共享单车，于是开始行动，你的路线是自己一边骑一边创造出来的。你的目标是在前行中通过考虑自身能力和自身的资源不断调整的。如果遇到了无法通过的障碍，你会快速地调整目标，绕过障碍走另外的路线继续前行，最终你可能会看到不一样的风景。因此这种思维方式具有灵活多变和可实现的特点。

需要注意的是，创业思维和管理思维并非完全割裂的，也没有孰优孰劣之分，我们面对不同的情境应采取最适合的思维方式，甚至在同一个事件的不同发展阶段，两种思维模式都需要随时转化。

大学生创业是从 0 到 1 的过程，尤其是在 VUCA 时代，面对着充满着未知的市场，很难做出准确的目标判断，更不具备大企业所具有的对抗外界不确定性的能力，所以更适合基于拥有的资源，灵活地在行动中创造，在行动中探索前进的方向。

而在企业有了坚实的基础，有了层次分明的组织体系、规范的管理控制系统、强大的抗风险能力等稳定的自组织形态后，则可以尽量先运用管理思维做有效的规划。而即便是稳定的企业，也会遇到超出规划范围之外的、不确定的事件发生，这时也需要尽快调整到创业思维上。

无论我们将来是否“创办企业”，在 VUCA 时代，我们除了运用管理思维外，还应学习能够应对不确定性的创业思维，这都会使我们受益终身。

三、创业思维背后的逻辑——效果推理理论

在美国弗吉尼亚大学达顿商学院任教的萨尔斯·萨尔斯瓦斯（Saras Sarasvanthy）教授，在对美国几十位最成功的创业者做了深入的访谈及调研后发现，创业专家所具有的一些特别的行为和逻辑跟传统教科书中的标准模式大相径庭。他对这些专家创业者的思维模式进行了总结归纳并发表了学术论文，阐述了一种全新的创业教育理论——效果推理。效果推理理论认为，专家型创业者在创业之初并没有四处去筹措创业所需要的全部资源，而是从自己手中拥有的资源出发，然后再思索“我能通过这些资源创造什么价值？”

视频讲解

这些专家型创业者们吸取了各种创业教训，知道创业项目的未来不仅是未知的，更是不可预知的。然而，他们通过在行动中遵循以下效果推理的五大原则，使用令预测度降到最小的技巧创造了未来。

（一）手中鸟原则（Bird-in-hand）：从拥有的资源出发

手中鸟原则来自于西方谚语“A bird in the hand is worth two in the bush.”（一鸟在手，胜过二鸟在林），意即“自己拥有的资源胜过无法得到的资源”。在效果推理理论中，它指“从自己拥有的资源出发”。

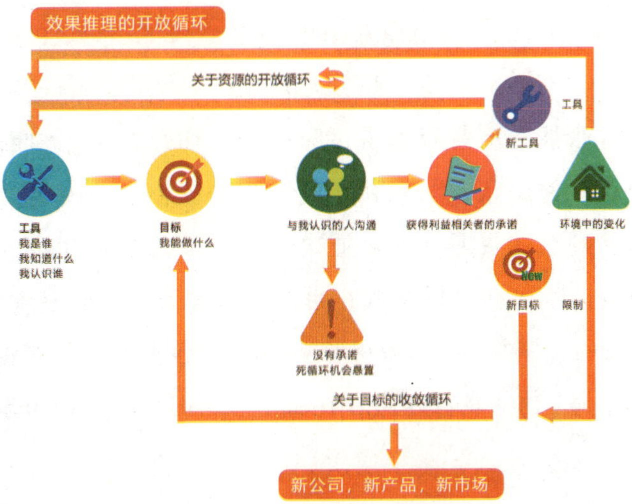

专家型创业者总是高效利用自己手中的资源开始创业之旅。每一个人都有自己可以利用的资源：我是谁、我知道什么、我认识谁。

这三个方面的综合构成了一个人拥有的资源总和。专家型创业者基于自己拥有的

资源，总是会问：我通过这些资源能创造些什么？

（二）可承受的损失原则（Affordable Loss）：从自己能做的事情做起

常识告诉我们，计算投资风险和损失并非难事。但是，要计算潜在的收益就困难多了。专家型创业者们认为，创业活动的后果是不确定的，创业失败是常态。因此，他们更喜欢通过计算可承受损失的方法来决定是否进行一项新投资。可承受的损失是创业者已知的且能够控制的，而潜在收益是他们依据无法掌控和确定的情况预测的。

曾经很多人说创业者是敢于冒风险的人，其实专家型创业者非常关注风险，他们依据可承受的损失做出决策，会使创业风险降到最低。

（三）柠檬水原则 （Lemonade)：拥抱不确定性

柠檬水原则(Lemonade)源于西方谚语“When life gives you lemons, make lemonade.”（当生活给了你柠檬，那就把它变成柠檬水吧）。它常用来鼓励人们在面对逆境或不幸时要乐观、积极。“柠檬”意味着生活中的苦难或不幸，而“柠檬水”则意味着“有价值的、积极的、令人愉快的结果”。柠檬水原则是创业者的核心技能，在专家型创业者的眼里，意外事件不是成本、代价，而是一种新资源。

创业的过程充满各种意外事件。创业伊始，虽然创业者已经掌握了一些资源，但是很多资源是在创业的过程中才能被逐渐意识到和理解到的。

创业者对所有意外事件都充满了好奇心，对于他们来说没有什么是坏事，因为他们总要从看起来不好的事情里找到积极的一面。

（四）疯狂被子原则(Patchwork Quilt)：生成团队和伙伴关系

在中国文化中有百家被的习俗：每家把剩余的布头拿出来之后，最后缝成一张五颜六色的百家被，这张被子寓意着纳了百家的福。在西方文化中也有类似的情形，妇女们聚集在一起，将几何形状、图案、颜色不同的织物最终绗缝为一个漂亮的被子。这寓意着创业者们从拥有的资源开始创业之旅，接下来就是针对自己要做的事与他人互动，这些人可能包括潜在利益相关者、朋友、家人等，以从中获得需要的其他资源。

在这个互动过程中，获得利益相关者的承诺，为创业活动带来新的资源，并吸引志同道合的伙伴一起创业。这些利益相关者在做出承诺时，也是以可承受的损失作为决策依据的。

（五）飞行员原则（Pilot in the Plane）：采用非预测性控制

飞行员意味着“自己掌控前进方向”“航程在自己的控制中”。专家型创业者倾向于处理那些个人行为与事件要素之间存在较大权变关系的工作，当然，并不是每个事件都是可控的，但创业者会专注于那些可控性较强的事件。

他们在采取行动时，要基于已经拥有的资源，而不是所欠缺的，这样的行动可控性强；他们在评估行动时，依据失败风险的可承受性，而不是带来的利润，这样有利于控制预设的风险；他们与做出承诺的合作伙伴一起创造未来，而不是依据间接的市场来预测未来，这有助于更好地控制事态发展，灵活应对创业过程中遇到的各种意外事件，增强在不确定性环境中的控制力。

在接下来的模块中，我们将通过组建团队，解决来自真实世界的问题，体验自己的项目从 0 到 1 的创业过程。让我们一起在这个过程中，充分调动创业思维，创造属于自己的精彩吧。

拓展训练

结合高尔夫球和自行车运动，比较两种思维方式有什么不同？完成以下的导图。

模块二

创业者与创业团队

Part 02

项目一

你可认识自己？

案例导入

美妆“铁”娘子——用生物科技守护女性美丽梦想

张铁丹是华南农业大学食品学院的博士，也是广州万物生健康产业有限公司的创始人，从大学硕士到博士，在生物科技领域 10 多年的深耕，张铁丹构建了属于自己的强大的知识体系，拥有数项专利技术并发现了新的乳酸菌菌种。凭借着如此优异的学术成绩，她完全可以选择在高校任教或者出国深造，继续在科研领域获得更深的拓展，但是十几年的科研经历让她深知科研的绝大多数成果仅仅呈现在刊物上、书本里，没有转化为应用，没有办法实实在在地造福老百姓。

张铁丹自己也是一位爱美的女性，近年来荧光剂事件，激素滥用，铅汞超标，乙醇超标，矿物油等化妆品的安全问题层出不穷，各种美丽的伤害几乎是每天都在发生。女性使用化妆品是为了追求美丽、满足爱美之心，但却因此带来了代谢失衡、皮肤敏感等问题，健康的基本诉求都得不到满足，这也让爱美的张铁丹忧心忡忡。

张铁丹在博士生深造期间，研究方向是微生物代谢，天然活性产物的研发与应用。这个技术原本是要应用于食品领域，以提高食品安全等级的，自从食品安全问题频发以后，群众对食品安全的问题已经有了较为深入的认识，国家也已经出台很多标准来规范整个食品行业，市场已经趋于饱和；而同样是添加剂横行的美妆行业，问题却日益严峻，期待解决，于是张铁丹瞄准了美妆行业的市场空白，从自己深厚的专业知识资源出发，通过理性的选择和慎重的考虑，确定了自己闯。因此张铁丹从自己深厚的专业知识资源背景出发，走上了创业之路。

（案例来源：何全穗 ，雷育胜 . 赢在广州创业故事 .[M]. 广州：华南理工大学出版社，2018）

问题探索：有人说，大学生没有经验、没有资源，不应该创业，你怎么看?

核心知识

一、每个人都是自己最大的资源

对所有人而言，无论背景出身，都会自带资源，它包括以下三种方式的综合：我是谁，我知道什么，我认识谁。“我是谁”包括创业者自身拥有的特质、能力和个性，“我知道什么”包括创业者的教育背景、经验和专业知识，“我认识谁”则意味着社会人际网络。

视频讲解

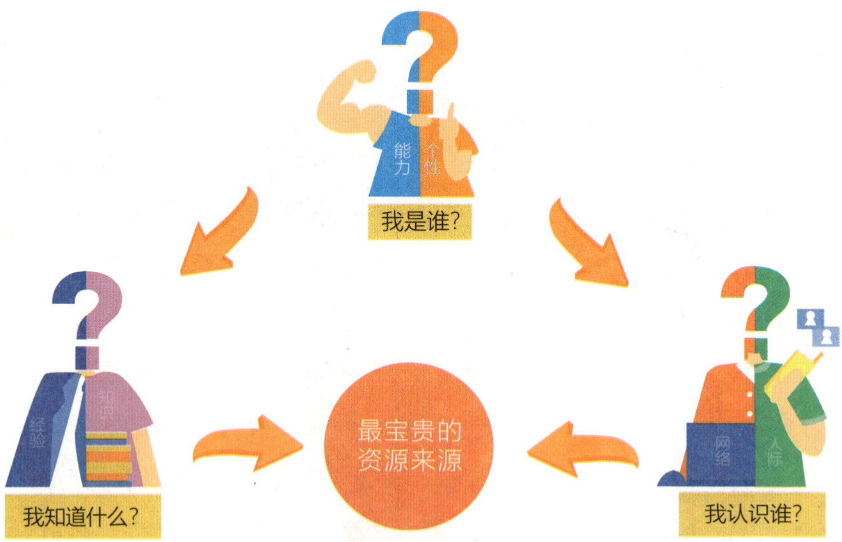

（一）我是谁：无可取代的竞争优势

与专业技能领域相比（如体育、艺术、会计、律师），在创业领域不存在创业成功所必需或者充分的、系统性的专业技能、能力，或者人格类型。我们通常不会将自己是谁，自己自身拥有的特质、能力和个性认为是首要的资源。我们往往还会觉得，别人身上拥有我们不具备的优势（如热情开朗、果断迅速或者严谨细致），但其实，任何特质的人都可能成为成功的企业家。

【拓展知识】

DISC 并不是一连串的字谜。它是一种专业的“人类行为语言”，是由美国心理学家威廉·莫尔顿·马斯顿博士在 20 世纪 20 年代首先提出的。DISC 现在已发展成为全世界使用最广泛的评价系统之一。

DISC 即四个字母的缩写。“D”即 Dominance，支配型人格，常常是老板型的指挥者（The Director）；“I”即 Influence，影响型人格，常常是互动型的社交者（The Interactor）；“S”即 Steadiness，稳健型人格，常常是和平型的支持者（The Supporter）；“C”即 Conscientiousness，谨慎型人格，常常是修正型的思考者（The Corrector）。

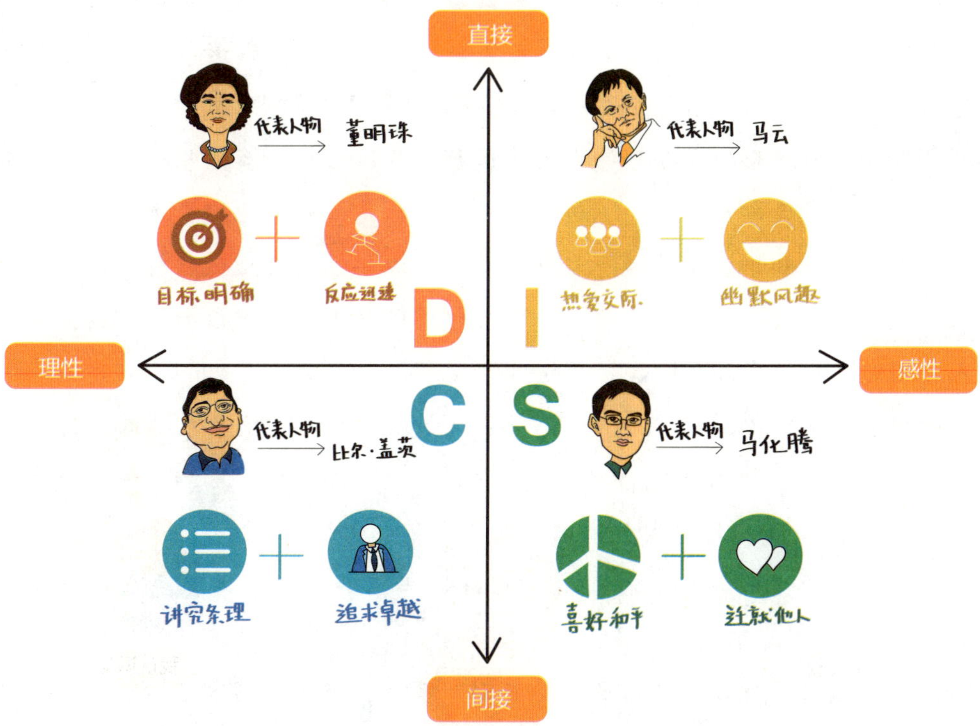

我们会觉得，可能 D 特质或者 I 特质的人适合创业，适合做老板。其实不然，每种特质都有优秀的企业家代表，如 D 型代表董明珠，目标明确，直接果断，使命必达，雷厉风行；I 型代表马云，沟通能力强，非常具有感染力，善于社交；S 型马化腾，低

调内敛，善于做支持；C 型领导比尔·盖茨，严谨细致、高要求，工作室追求专业，用数据说话。可以看到，各种特质都可以创建伟大的事业，各自的行为风格也都会成就独一无二的创业经历。

【案例学习】

芦苇一般柔韧的创始人俞敏洪

在商业圈里俞敏洪是一个标志性的人物。和成功的企业家相比，俞敏洪是一个谦逊不喜“侃”的“忍君子”，而他的成功恰恰也体现在这里。

俞敏洪高考时，为了能够考到心中理想的学府，曾连续考了三次，但是后来在得到北大教习职位时，他却突然放弃了，最终白手起家兴办出国内最成功的民营辅导学校来。

可能正是因为家乡温润的环境，再加上父母的教导，培育出俞敏洪谦逊温和的性情。在商业场上，这种性格其实就是一种修炼内在修养的一门绝学，这种亲和近人、不喜张扬的性格换作是给人打工或在单位上班，可能是不利因素，领导会因其默默无闻而忽略，日复一日地做着一名普通员工。但是对于一个特殊类型的企业来说，却具有独到的价值。传统企业需要领导人雷厉风行、作风硬朗、有威信，可是在俞敏洪创办的新东方学校情况却有所不同。这里的员工主体是教师，他们是文化层次较高的人才。他们看重的是知识分子的尊严与身份，如果以西方的管理风格制约、要求他们，很多人可能会难以忍受，即使高薪也难留住这些“牛人”，但以俞敏洪的性格，他与这些人相处起来却如鱼得水，恰到好处。

俞敏洪把自己比作一个言谈的“样板”，他甚至鼓励教师们以自己为调侃对象在课堂上“开涮”，这极大地满足了教师们的无意识心理需求。在新东方，教师们得到一种言谈上的满足与安慰。俞敏洪就是一个知识分子，他知道知识分子想要的是什么，他把这些赋予他们，他们在觉得理所当然的时候，也会更加埋身于自己的工作。

俞敏洪的这种管理理念可谓是一举三得。其一，教师们得到了心理满足。其二，学生在压力巨大的苦学中听到尊贵校长的一系列糗事，不但身心放松，也对校长的好感增加。如此的胸怀宽广，如此的亲和平易，谁不喜欢？其三，也给自己喝了一罐“减压剂”。

新东方元老之一的王强曾这样比喻他自己、俞敏洪和徐小平三个人的性格：“我的性格像钢一样脆弱，老俞的性格像芦苇一样柔韧，小平的性格像芦苇和钢一样脆弱而柔韧。”

（案例来源：魏开永．中国老板沉思录 [M]. 武汉：华中科技大学出版社 .2010)

（二）我知道什么

“我知道什么”包括你的教育背景、专业技能、兴趣爱好、参与的培训、独特的生活经历等，这些都是你最宝贵的资源来源。比如你大学的计算机专业背景，可能是开发一个专业软件的起点，你擅长的手工技能或许会成为你开创少儿培训事业的资源。

而且值得注意的是，创业中的学习是不断发生的，你知道的东西的边界会越来越大。不同的创业者会致力于根据他们在某一领域内独有的丰富知识来发展机遇。

【案例学习】

乡下姑娘、城市女孩、东方美学生活家——李子柒

作为一个现象级网红，央视新闻这么评价李子柒：没有一个字夸中国好，但她讲好了中国文化，讲好了中国故事。

很多人都想问，李子柒是谁？她为什么这么火？李子柒，一个能在稻田里插秧，竹林里挖笋，荷塘里采莲，森林里纵马扬鞭的美食短视频博主。她的微博有 2000 多万粉丝，抖音粉丝有 3000 万，YouTube 上的海外粉丝有 735 万，与美国影响力最大的媒体 CNN 不相上下，其中每一个视频播放量，几乎都在 500 万以上。这就是李子柒，一个不但在中国出名，也在国外硬实力圈粉的姑娘。

2018 年 8 月，李子柒同名店铺正式开业。上线 6 天之后，这个当时仅有五款产品的店铺，销售量破 15 万、销售额破千万。一年后，李子柒旗舰店在售 21 款产品显示的总销量突破 130 万，总销售额高达 7100 万。

这样一个姑娘，却是一个苦出身。出生于 1990 年的李子柒，6 岁时父亲去世，因继母对她不好，从此便与爷爷奶奶相依为命。生活在绵阳农村，李子柒打小就和爷爷一起做木工，陪奶奶一起做饭，庄稼成熟时，便下地干活。后来不得已辍学外出打工，做过服务员、夜店 DJ 等工作。如果不是奶奶病重，她可能也不会放弃城里的工作。

回到了从小生活的农村过平淡朴素的日子的李子柒，因为看到弟弟在美拍唱歌弹吉他有了很多粉丝，想着也许短视频火了淘宝店生意能好点，她开始拍短视频。这中

间也走过弯路，后来她重新定位了视频内容，选择了自己拿手的——做菜——来作为素材。2016 年 3 月 25 日，她发布了自己的第一个美食视频《桃花酒》，当天却只有三四个人留言。而且，这个视频是用手机拍的，画质很粗糙。后来在美拍上大 V 朋友的指导下，她换了单反和三脚架，还穿上了古香古色的服饰，有了很好的道具，算是正规了，评论数也多了一些。慢慢地，她拍的视频质量越来越好，受到的关注也越来越多，还有视频被推到了美拍首页热门。

为了能够尽快更新，她整整一天在烈日下、微雨中拍视频，因为是三脚架，经常一个几秒的素材要拍好几个小时。拍好的视频还需要剪辑，她经常从早上剪到半夜，甚至干过通宵，完全顾不上吃饭。

李子柒的出生和坎坷的生长经历，也许比不上很多人，但是在她创业的经历里，却是她最大的资源。首先，作为一个乡下姑娘，虽然被后妈虐待，父亲早早去世，但是也正因为如此，她从小自立，有了和乡村厨师的爷爷学习厨艺和手工的锻炼，练就了一身独家绝艺，动手能力超强。

从另一个角度来说，李子柒 14 岁离家去城里的夜店做 DJ 工作，这长达 8 年的时间让她也成为一个时尚的城里女孩。这就让她对新事物和新媒体很敏感，她更能洞悉现代都市人的喜好。

她是一个乡下姑娘，但她也是一个城市女孩。这种神奇的组合，本来是她个人生活的磨难，却成为她从苦难中汲取养分，拍出了爆红海内外的视频。

（案例来源于网络）

（三）我认识谁

人际关系网络也是创业者所拥有的最宝贵的财富。我们每个人生存在这个世界上，都需要和别人产生联系。有些联系是与生俱来的，包括你的父母、兄弟姐妹、远近亲戚。更多的联系是后天生活、学习、工作中所建立的，如同学、同事、朋友。并且我们能够通过认识的人结识到他身后的更多的人。互联网的发展，让人与人之间的联系变得更加畅通、易得。

创业者的人脉圈子，往往决定了其事业的高度。血缘、地缘、业缘，同乡、校友、同僚、战友等，都是形成人际交往圈子的重要因素。在这些圈子里，校友圈子又显得比较特别。

创业者通过建立利益相关者关系网络去拓展企业——把他人所拥有的资源和自己所拥有的资源结合起来。这是我们每个人都应该珍视和善用的资源。

【案例学习】

“拼多多”黄铮的强大的朋友圈

据《电商报》报道，根据福布斯实时富豪榜数据显示，截至2020年4月27日，排在中国首富第三位的是拼多多的创始人黄铮。

出生于普通工人家庭的黄铮，可以说他的成功离不开他背后显赫的朋友圈，他非常善于经营自己的人脉网络资源。一次关于技术的网聊，他和网易大佬丁磊结识，从此丁磊成为他打开互联网大门的领路人。经丁磊引荐，他又认识了小霸王的创始人段永平，凭借出色的投资分析能力，帮段永平处理了众多难题。在段永平拍下和巴菲特共餐的机会时，特意带上了他，这次千载难逢的机会，成了他日后创业的最佳经历。此后做电商，他又经人介绍认识了顺丰的创始人王卫，2015年创办拼多多时，王卫给了他一笔启动资金……

当然，黄铮的成功绝不仅仅是因为人脉。但是他善于运用“我认识谁”的资源，尽心经营自己的人际关系网络，在需要的时候，这些“谁”带给他的都是巨大的资源。

（案例来源于网络）

二、创业者能力框架

创业是极具挑战性的社会活动，是对创业者自身能力的全方位考验。一个人想要取得创业的成功，必须具备哪些创业者的基本素质呢？

2016年6月，欧盟发布的《创业能力框架》（*EntreComp: The Entrepreneurship Competence Framework*）构建了由3类领域和15项要素组成的创新创业能力架构，是国际创新创业教育研究和实践里程碑式的成果。三类领域分别是想法与机会、资源、行动，它强调个体通过从拥有的资源出发，将想法和机会转化为行动的过程。

欧盟的15项创新创业核心能力的培养，在整个项目的不同模块都有所回应，更多的是渗透融合在项目推进的整个过程中。

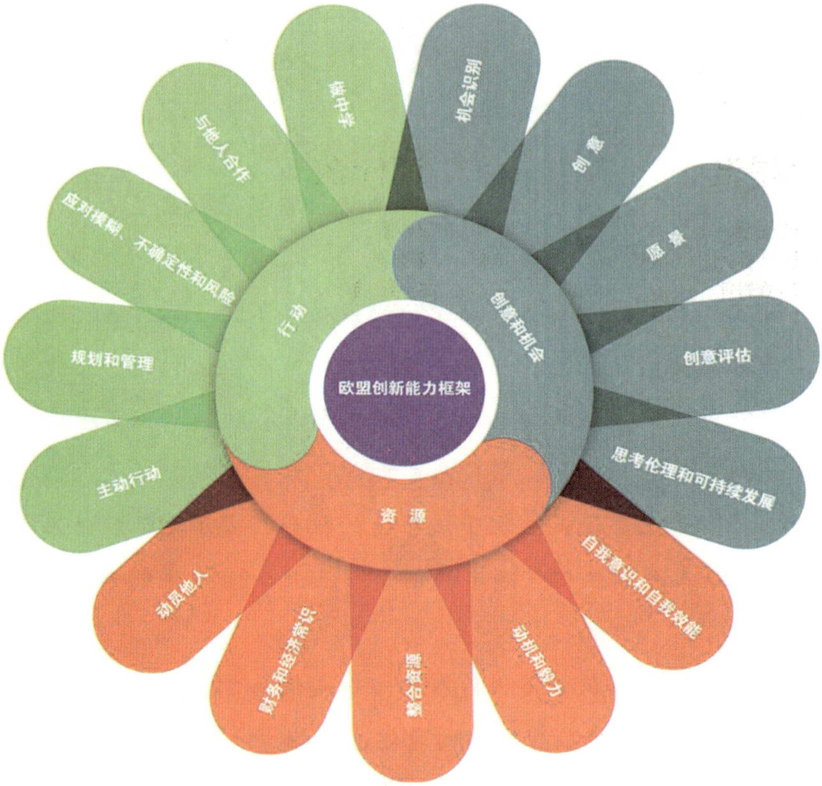

欧盟创业能力框架的观念模型

（图形来源：European Commission Joint Research Centre. EntreComp: The Entrepreneurship Competence Framework [EB/OL]. https://ec.europa.eu/jrc/en/publication/eur-scientific-and-technical-research-reports/entrecomp-action-get-inspired-make-it-happen-user-guide-european-entrepreneurship-competence.2018.2.27.）

拓展训练

完成个人资源画布。

我是谁	我知道什么	我认识谁
我的性格、 特质、能力 兴趣爱好等	我的专业背景、 知识、技能、 培训、生活经验等	我的家人、朋友、同学、领导、 同事、用户、合作伙伴、社群、 偶然认识的人等

项目二

如何组建创业团队？

案例导入

新东方三驾马车——从北大校友到创业合伙人

1980 年，俞敏洪和王强一同考进北京大学西语系英语专业。1983 年，徐小平来到北京大学团委艺术团担任指导老师，于是这三个人产生了交集。前面我们分析了俞敏洪“芦苇般柔韧”的性格特征是新东方成功的一个起点，但是新东方的成功不是俞敏洪的成功，而是新东方创业团队的成功。

一个优秀的团队应该是一个多样化的团队，在这个团队里大家的思维模式不同，行为方式也会有差别，但是大家一定要有共同的目标，心要往一处想，力要往一处使。这个时候就需要有一只领头羊出来带领着大家一起朝着一个共同的方向一直拼下去，俞敏洪在这一点上当之无愧。

1987—1995 年，徐小平在美国、加拿大留学定居，并获加拿大萨斯喀彻温大学音乐学硕士学位。而拿到硕士学位的徐小平没能找到工作。俞敏洪去美国找徐小平的时候，徐小平穷困潦倒，当看到俞敏洪带着八千美元在美国挥霍的时候，徐小平就惊了。在俞敏洪的邀请下，1995 年年底，徐小平回国加盟新东方，负责出国留学、签证、移民留学等咨询工作，是留学咨询和签证咨询的专家。

1996 年，俞敏洪去美国请回王强的时候，王强在美国贝尔传讯研究所担任软件工程师，一年的工资折合人民币几十万。在当时几十万人民币也已经是绝对的高收入人士。但王强作为一个满腹经纶的文化人，被俞敏洪描述的桃李满天下的感觉心向往之，毅然决定放下在美国的一切回国与老同学一起办好新东方，将它推向无限可能的远方。回国后王强任北京新东方咨询公司董事长、新东方学校副校长，负责基础英语培训，开创了被称为“美语思维法”的美国口语培训。

正是俞敏洪一手组建起来的精英战队“三驾马车”，推动着新东方从一个培训班走向一个上市集团。

（案例来源于网络）

问题探索：如果要开始创业，你希望挖掘什么样的人加入自己的团队？

核心知识

一、创业团队的内涵、特征

没有完美的个人，但是有完美的团队。一个人的力量是单薄的，创业过程中团队协作的力量一定会胜于个人的单打独斗。创建自己的创业团队，通过开发每个团队成员的特长和资源，则可以形成凝聚的合力。创业团队是创业中最重要的基石。

视频讲解

小米刚起步时，雷军至少 80% 的时间都在找人，甚至为说服一个硬件工程师加盟，雷军和他的团队轮番上阵，整整 12 个小时，终于打动这位工程师，才得以组成一支超强战队。

真格基金创始人徐小平也曾强调合伙人的重要性，他说“合伙人的重要性超过了商业模式和行业选择，比你是否处于风口上更重要。”

阿里巴巴有今天的商业帝国，淘宝、天猫和支付宝等明星产品，其实最有价值的、不可忽略的就是背后不离不弃的团队——马云和他的 18 个联合创始人。

所以，什么是创业团队呢？

狭义的创业团队是指，在创业初期，由一群才能互补、责任共担、愿为共同的创业目标而奋斗的人所组成的一群创办新企业的人，即创始合伙人团队；广义的创业团队则除了包括狭义创业团队外，还包括与创业过程有关的各种利益相关者，如专家顾问团队、内外部董事、股东、投资人等。

一个优秀的创业团队应该具备哪些特征呢？

创业团队的共同性：共同愿景、共担目标、共享回报、共担风险。

创业团队的互补性：技能互补、性格互补、资源互补、思维互补。

【案例学习】

携程四君子——行为风格互补的创业团队

被称为“携程四君子”的梁建章、季琦、沈南鹏和范敏，是中国优秀合伙人的典范，他们优势互补，有的懂技术、有的懂财务、有的懂运营，还有的懂资本运作。他们携手，短短四年将携程打造成为中国OTA领域的第一家上市公司。

对于创始人来说，携程的创业史是一部生动的教程，有诸多值得学习和借鉴的地方。携程四君子更是性格行为特征完全互补的理想团队。

I型性格的季琦

企业初创期需要外向而关注人的“I”。季琦，充满创业激情，敢冒风险，勇于挑头做事。他能言善辩，把创业当作自己最大的爱好。因为他热爱新鲜的东西，不愿意做重复性工作。所以他创立的携程上市后，卖掉携程的股份，跑去北京创办如家，如家上市之后，卖掉如家的股份，成立力山投资公司。有人采访季琦：携程的商业模式是什么？季琦说“谈什么商业模式，听一听我的创业故事吧。”季琦擅长于利用各种资源，从无到有建立新的东西。但对细节、对事情却缺乏关注。一旦公司上规模，需要从事流程的改造和细节完善的时候，季琦感到自己既不擅长也不热爱，就立刻把权力棒交给了梁建章。

C 型性格的梁建章

企业内部建设期需要内向而关注事情的“C”。梁建章，十四岁就已经大学毕业，原来在国外就职于甲骨文。正是他首创把 ISO9000 直接从生产型行业放到服务性行业，并且为携程中一线服务人员制订了 34 项定性定量项目在每周管理例会上评估，在高要求标准下，同时实现携程接电话平均每一个电话由 240 秒硬生生降到 180 秒。这意味着以前企业要用 400 万元的电话费，现在只要 300 万。内部体系建立之后，需要再对企业效益进行放大的时候，团队中另一个成员的效用开始占据主导，这就是风投家沈南鹏。

D 值高的沈南鹏

企业资本运作期需要目的性强的“D”。沈南鹏。一个目的性很强而又直言不讳的风投家，身上带有很高的“D”特质。他被媒体广泛传播的最有名的有两句话。第一句话是，我做公司的第一天就是把它卖掉；第二句话是，携程和如家做得最对的一件事情就是请走季琦，不让他当 CEO（因为携程跟如家一开始都是季琦当 CEO）。公司准备上市的，意味着资产将成为公众的，在对 CEO 的选择上只能选最合适的，而不能考虑人情苦劳等因素。

S 型的范敏

企业平稳发展期需要稳重，善于支持的“S”。携程上市之后，以上这三个人都陆续卖掉了手上持有的股份，转而投资其他去了。这时谁来主持携程的大局呢？老成持重的范敏登场了。范敏有在酒店工作十五年的经验，他认为旅游行业是一个伟大的行业，他说：“我愿意在携程待一辈子！”在范敏主持下的携程，到目前为止也没有推出任何一项新的服务——就连最近推出的商旅管理，都是携程在上市的时候就已经写在计划书里面的。正是范敏身上的 S 特质可以让他关注于细节的完善，安心于相对来讲稳定的重复性工作。谁说一只绵羊带领的一群狮子不是一支战斗力极强的团队呢？和平时期不需要折腾。

并不是只有 D 类型人才适合做领导。四种类型的人都可以成为优秀的管理者，区别是领导风格不同。D 带领的团队是冲杀型的；I 带领的团队是合作型的；S 带领的团队是和谐型的；C 带领的团队是效率型的。选拔怎样的人当主管，就看要当时当地的环境需要了。了解 DISC 四种类型人的特征除了有助于安排团队组织，也有助于彼此了解个性，融洽关系。

（案例来源于网络）

二、经典创业团队模型

知道了创业团队成员要有共同性，也要有差异性，那么理想的创业团队应该要由什么样的人组成呢？在一个理想的创业团队中，以下五种角色不可或缺。

（一）梦想家

有疯狂的构想，能够描绘新的商业模式与产品整体构想的人，他们往往能够提出寻常人认为不可能实现的愿景并有充沛的热情向梦想前进。

代表人物：苹果创始人史蒂夫·乔布斯。

（二）战略家

团队的参谋，能够把以梦想家为首的创业者提出的夸张的愿景，分解为可以按步骤实现的目标，并为实现这些目标设计出合理的行程表与里程碑，拟定具体战术与行动方案，甚至开发出考核团队的 KPI。

代表人物：诸葛亮。

（三）潮人

一个对流行趋势非常敏感的潮人，能够做出有设计感的用户体验、用户接口的人，能够突破平庸，实现产品 / 服务差异化的人。

代表人物：苹果（Apple）首席设计师乔纳森·艾维（Jony Ive）。

（四）长袖善舞的市场开拓者

有圆滑的性格、受人喜欢的交际手段、聪明的生意头脑、充满热情的性格，能够快速熟悉顾客、利害关系人、竞争或合作对象的人，善于开拓市场、处理好团队内外的关系。

代表人物：Airbnb 创办人布莱恩·切斯基（Brian Chesky）。

（五）开发者

此类人通常是技术牛，但是在创业团队中，更重要的角色是执行力强、思路清晰敏锐、有很强的创新能力，能够迅速开发出产品，将其投入市场并测试、迭代，不断设计产品功能与规格的人。

代表人物：脸书创办人马克·扎克伯格（Mark Zuckerberg）。

三、创业团队的组建

【案例学习】

来自历史的启发

话说天下大势，分久必合，合久必分，东汉末年已是天下大乱，这为刘备自立门户事业创造了环境因素。刘备作为皇室一脉的中山靖王刘胜之后是刘备自立为项目经理的组织过程资产。历史为刘备创造了“光复汉室”的战略契机。

所谓时势造英雄，同样怀才不遇的关羽和张飞二人恰巧遇到了刘备，在等级制度森严的汉代，刘备运用自己的高贵身份（皇族之后）和仁义成功吸纳关羽、张飞二人为团队成员。其实刘备吸纳二位团队成员是经过可行性分析的。

首先，二人都武艺高强，即冷兵器时代“创业”的专业技术知识。

其次，关羽熟读《春秋》，懂得大义，背叛的风险极低；张飞虽然做事鲁莽，但是常年做猪肉生意，家底不薄，是刘备创业的原始资源积累。

三人“桃园三结义”，刘备规划已久的“光复汉室”项目终于启动了，项目团队处于形成阶段。

然而，“光复汉室”只是刘备的战略目标，不够明确，缺少明确项目管理计划的刘关张三人在战乱年代摸爬滚十多年没有大的起色，在临时团队成员徐庶的强力推荐下，刘备“三顾茅庐”请来了年轻的诸葛亮，并将其封为军师。新的团队成员刚来就坐了第二把交椅，并且诸葛亮是个高调的人，关张二人根本不买账，多次与诸葛亮发生冲突，团队处于震荡期。好在诸葛亮通过自己的才智，击退曹操，用火烧赤壁等证明了自己的实力，化解了危机，关张二人开始对新来的项目顾问逐渐信服。并且，刘备认识到了自己基础差、底子弱的问题并没有解决，不断扩充团队，进一步招纳了赵云、马超、魏延、庞统等人，团队处于规范期。

诸葛亮协助刘备制订了详细的范围管理计划（三分天下）、进度管理计划、成本管理计划等，在团队成员的协作努力下，刘备的团队攻占了大片西南土地，并最终创建了巴蜀政权，完成了阶段性项目目标，团队处于成熟期。

（资料来源于网络）

创业团队的组建的其实也没有固定的程序，不同类型的创业创建的步骤也不完全相同。

从刘备创业团队组建的过程，可以看出，这正是效果推理理论的应用。刘备从自己拥有的资源“大汉皇族”这一身份出发，提出了一个有价值的想法——“光复汉室”，这个想法吸纳了关张的加入，并且招来了诸葛亮。这些能人的加入让刘备已然获得了强大的资源，再也不是一个空有“皇族旁支”身份的人，在团队的支撑下，他一步步有了自己的一方势力，称霸巴蜀。

四、成立公司

第一步——注册公司？

创业团队还不稳定？不要着急成立公司！

视频讲解

在创业初期，如果还没找到能够彼此认同，能够做出长期承诺的成员，能够形成一支固定的，愿意利益共享、风险共担的团队，就暂且先不要考虑成立公司。设立公司以后会设定股权，要是没有经过深思熟虑就把其他人招入团队并给予股份的话，团队成员间的稳定性存在着极大的隐患。随着创业项目的推进，团队成员之间极可能会因为理念的不同、意见的不一致、对企业贡献的下降等原因发生一系列的分歧，甚至于分道扬镳，这会使创业发展受阻，不利于大学生创业目的的实现。

在中国国际“互联网 +”大学生创新创业大赛中，在职教赛道和高教赛道都设置了创意组。参加创意组的团队都是在当年还没有完成公司注册的项目团队，但往往这些团队都已经做出了非常有实质性的成果，以及良好的运作数据；或者累积了一定的客户，至少也会有自己的知识产权产品和成型的商业模式，并且在实际运作的过程中，凝练出了一支能够打胜仗的创业团队。虽然任何创业团队都无法完全预见未来存在分歧矛盾的可能，但是在前期形成一支有凝聚力、执行力的，可以“共苦”的团队，才能最大限度地规避创业期团队“拆伙”的难看场面。

五、股权分配

准备好了？那么来了解一下股权！

如果已经准备注册公司了，那么设置合理的股权分配，能够保障创业合伙人之间不仅“共苦”还能“同甘”。另外，合理的股权分配对公司的持续发展的影响也很大。

因此，我们有必要了解关于股权架构的一些基本知识。

股权是指股东对所投资的公司享有人生和财产权益的一种综合性的权利，包括从公司获得经济利益并参与公司经营管理的权利。从现代企业制度角度看，股权的权能最常见的有四种：分红权、公司净资产增值权、表决权、所有权（见下图）。

其中分红权和表决权对于创业公司的股东来讲可以说是最为重要的权利。分红权决定着股东对于资产的收益，原则上应按照股东实际的出资比例分取分红，但全体股东另有约定的除外。股东通过表决权来参与公司的管理和公司的重大决策，实现对公司的实际控制，原则上按照出资比例行使表决权，但公司章程另有规定的除外。由此可见，分红权、表决权与持股的比例是可以分离的，这些都要在公司章程中约定好。如果公司章程没有特殊注明，则按照公司法来执行。

如何分配股权才是最正确的？

股权结构的设计、分配细节的问题，并没有一个标准的答案。但有一个标准的原则是在分配所有权上要让参与创业项目的成员，觉得自己的付出得到了应有的回报，并能够让他们愿意持续将时间、资源和能力投入到公司中。

如何让风险承担者们都觉得对结果满意呢？出多少钱就占多少股早已行不通了，因为他以钱为驱动而忽略了人的价值，而创业团队最大的资源就来源于人本身。因此在讨论股权分配时，应该将每人投入的资金成本结合投入的人力资源成本结合起来综合考量，团队成员应深入沟通。

一个可以借鉴的股权结构设计的讨论过程。

小蓝、小白、小黄三个人是创业团队的合作伙伴，一起在运作一个短视频拍摄的项目，一开始只是在校园里接接同学的单，后来随着技术的提升、知名度的扩大，开始有外面的公司机构找到他们来洽谈业务。这时三人觉得时机已经成熟，并且三人前期的磨合也非常良好，已经形成了一支稳定的团队，于是决定更好地开展项目，可以在此时考虑注册公司。那么在设置股权的时候，三个人选择坐下来，好好地沟通、计划。

三人都愿意为创业项目出资 3 万元，合并有 9 万元的资金。

大家探讨了未来三年内项目顺利发展所必需的资源，包括业务技能、客户开发、渠道建立、内部管理等。并就未来三年以上几条的重要程度不同赋予了不同的权重。在这个过程中，如果不同意就继续讨论，直到所有人都达成共识。

然后在每一个维度上考量，三个人能够分别为企业带来多少资源和条件，各自为每个人打分，值为 0~10 分。

结束后将这些数值乘以加权系数，最后得出每个人对创业项目成功的贡献值。

因此得出了更公平的股权计算，三个人对这样的分配都非常满意，于是充满动力地投入到创业项目的崭新阶段中！

拓展训练

大声喊出：I Want You

请N位自愿成为团队领袖的同学，站到“聚光灯”下讲述自己的创业“梦想”，并发布自己需要招募的创业合伙人的需求。

其他同学听取完“聚光灯”下的团队领袖同学的发言后，自愿选择要加入的团队。

团队领袖和其他同学进行沟通面谈，根据团队人数的限额，进行人员筛选、调配，保证每个团队有近乎均等的人数。

组成团队后，做第一次团建：为团队起一个有特色的名称，并拍摄一张创意团队照，制作一张“团队文化画布”。

模块三

问题探索与机会识别

Part 03

项目一

如何从问题中获得创业机会？

案例导入

第四届“互联网 +”大学生创新创业大赛金奖项目——五六点教育

五六点教育是主要致力于解决小学生课后托管的一个连锁品牌。这个项目的产生，缘于创始人团队聚焦的一个有价值的问题：小学生的特征左右和决定他们在放学之后必须由专人照看，而双职工父母的下班时间和学生放学时间产生了严重冲突，从而引发了托管需求。托管作为一个国民刚需行业，已经突破了千亿元规模的市场，而且在未来这个市场还将呈紧绷式的发展。

针对这个问题，五六点教育推出了他们的解决方案，包括两大基础服务——快乐午托和全能晚托，在做好这两个服务的基础之上推出了两大特色课程——“智慧晚辅”和“素质课堂”。

“智慧晚辅”是由五六点教育的老师在监督和指引学生在按时、按质、按量完成学校老师布置的作业之后，会把他们的薄弱点上传到老师端的 App，系统会自动化智能地为学生定制一对一的复习方案，学生据此在学生端的 App 上进行复习，解决每日难点。

“素质课堂”是通过分析、记录学生在托管时间里面的综合素质和表现，联合教育专家团队打造了一系列的特色课程和服务。这个过程中并不专注于培养孩子的某项特长，而会更多地关注和培养学生在托管时间里如何提高他们的创造事业、感知幸福和健康生活的能力，然后再通过他们个人的数据智能化推送相应的素质课程。

截至 2018 年 8 月，五六点教育在 12 个省共有 128 所分校，累计营业收入为 4500 万元，服务学生 8426 个。公司未来发展目标是要在 2021 年实现千店计划，带动万人就业，成为整个托管行业的领导品牌。

（案例来源：秦志宏 . 创新创业创投工作室，广州大学 – 五六点教育）

核心知识

一、问题是发现创业机会的起点

（一）创业中定义的问题

爱因斯坦说：“我若有一个小时来解决一个问题，我将花 55 分钟来思考这个问题，5 分钟来思考问题的解决方案。”

问题在我们日常生活、工作中无处不在。如果问我们每个人每天的工作是为了什么，大多最终都可以归结为“解决问题”。

视频讲解

在不同语境里，问题的含义差异也非常大。在《新华字典》里对“问题”有 4 种解释，一是要求解答的题目；二是需要研究解决的疑难和矛盾；三是关键、重点；四是意外事故。

人们口中的问题往往有不同的含义。

难道你不觉得这里有问题吗	疑惑、不解、觉得不对劲儿
抗击疫情成为当下最重要的问题	话题、关键、重点
电脑屏幕出现了问题	事故
请大家回答一个问题：创新有几种类型	一个挑战题目
钥匙经常找不到这个问题很困扰我	一个待解决的矛盾

我们在创新创业的实践中，在这本教材中谈论的问题，更聚焦于事实层面真实存在的问题。这里我们界定的问题可以从以下几个方面去寻找。

生活中的麻烦

要解决的矛盾

现实与理想的差距

（1）生活中的麻烦。比如硬盘数据丢失很麻烦，提着行李箱上台阶很麻烦，给宠物铲屎很麻烦。

（3）要解决的矛盾。比如喜欢养花但是又要经常出差之间的矛盾；双职工家庭与孩子接送之间的矛盾，因工作学习必须经常使用电子产品与眼疲劳之间的矛盾。

（3）现实与理想的差距。比如希望每天上班都不会塞车，希望孩子能够主动积极做作业，希望能够坚持做到每天锻炼 1 个小时。

（二）问题是机会的起点

进入 VUCA 时代，怎么样才能适应不断变化的世界？怎么样才能抓住新的机遇？打开思维，提出有思想、有深度的、美丽的问题，往往是这一切的起点。我们可见的很多伟大的产品、公司，甚至是一个趋势、一个新兴行业都来源于一个有价值的问题。

问题是机会的起点

互联网的出现源于世界需要更便捷高效的联结沟通的问题。

移动互联网的产生与迅速发展源于用户希望彻底摆脱终端设备的束缚、实现随时随地链接的问题。

支付宝提供了第三方平台担保，解决了在网购产生初期买方缺乏信任，有购买顾虑的问题。

单车的出现源于人们需要比步行更快捷省力的出行的问题。

共享单车的出现源于普通单车不能随时随地、随借随还的问题。

代驾行业的兴起，源于喝酒与开车之间矛盾的问题。

许多最具创造力、最有成果的商业领袖都是专家级的探询者。他们由于质疑所在领域的传统观点，所在公司的管理，或者关注到别人看起来习以为常的现象，甚至会对自己过往的想法提出一问题。敏感而快速提出正确问题的能力，正是商业领袖们比别人更快适应快速变化的市场，把握住稍纵即逝的商机的关键。

【案例学习】

案例 1：张旭豪与“饿了么”

“饿了么”的诞生就源于一个“网瘾少年”打游戏时发现的一个问题。“饿了么”的创始人张旭豪考入上海交大后，迷恋上了网游，常常打游戏以致忘记吃饭。一天寝室里几个男生在一起打游戏，游戏打得倒是激动人心，但是大家却饿得饥肠辘辘，于是打算叫外卖，但他们打电话到餐馆，要么打不通，要么人家不送。大家很无奈，这时其中之一的张旭豪说：“如果能网上订外卖就好了”。就是源于这样的一个问题的发现，因此张旭豪的外卖服务开始了。

中间的过程不讲，最后的结局我们都知道，“饿了么”被阿里以95亿美金全资收购，张旭豪年纪轻轻就已身家上亿。

案例 2：艾德温 · 兰德与宝丽莱

艾德温 · 兰德是宝丽莱的创始人，他是一名非常有才气的发明家。1947 年，兰德发明了世界上第一种即时成像系统，一年后推出了一次成像相机和专用胶卷，当时轰动了整个世界。20 世纪 50 年代至 70 年代，宝丽莱成为美国红极一时的企业。

而这一切的起点，是在 1943 年的一个阳光明媚的冬天，兰德带着家人一起度假，他用自己最喜爱的相机给小女儿照相，这些相片只有在暗室才能被冲洗。小女儿拍了一张非常喜欢的照片，她恨不得马上就能见到照片。于是她问自己的父亲，为什么她需要等很久才能看到刚才拍的照片。对于女儿提出的问题，兰德不知道怎么回答，但是这个问题深深地印在他的心头。他在多年后的一次演讲中回忆，“我开始思考，为什么不能立刻看到拍的照片？怎么样才有可能设计出一张能即时成像的照片？”

从这个问题出发，兰德多年不断地探索女儿提出的美丽的问题，直到 1972 年，宝丽莱生产出 SX-70，这是世界上第一台可直接“吐出自印相片”的照相机。当时有评论家写道：“兰德和他的公司再次发明了全新的照相过程。”

案例 3：里德 · 哈斯廷斯与 Netflix

Netflix 成立于 1997 年，总部位于美国加利福尼亚州洛斯盖图，创业之初是一家在线影片租赁提供商，主要提供 Netflix 超大数量的 DVD 并免费递送。现在已发展为用户可以通过 PC、TV 及 iPad、iPhone 收看电影、电视节目，可通过 Wii、Xbox360、PS3 等设备连接 TV。在 2017 年 BrandZ 最具价值全球品牌 100 强名单上，Netflix 名列第 92 位。2018 年 10 月，《财富》未来公司 50 强排行榜发布，Netflix 排名第八。

Netflix 网飞的创始人里德·哈斯廷斯在创办 Netflix 之前经常从音像店里租电影看，但他总是忘了按时还回去，所以必须支付高额的滞纳金。不过，他并没有像一般人那样只顾着气愤和沮丧，他提出了第一个问题：为什么我要支付这笔钱？紧接着第二个问题接踵而来：如果像健身俱乐部那样用月度会员制运营一家视频租赁公司，会怎样？于是，Netflix 诞生了。几年后，哈斯廷斯接着提问：为什么只租赁电影和电视节目？假设我们自己制作会怎样？于是，Netflix 拥有了新的商业模式，且对美国传统电视造成巨大威胁，并与之平分秋色。

二、如何发现一个有价值的问题

（一）带着好奇心去发现生活

在我们的生活和工作中，有哪些你想吐槽的问题呢？张旭豪的“饿了么”，来自于他自己的生活发现的一个问题。你可否注意到围绕着你的生活、学习，有些需求尚未被满足，有些麻烦一直得不到解决，有些理想的状态与现实差距很大呢？

生活中从来就不缺少问题和机会，缺少的是发现问题和机会的视角。我们平时那些不自觉的吐槽，如果只是为了抱怨，那是毫无价值的。但是如果我们能够转换视角，从积极的角度，去探索抱怨、投诉、吐槽背后的问题，那也许你将成为下一个“张旭豪”。

当我们从自己的生活中发现一个自己认为有价值的问题后，就要进行思考，这个问题只是自己的个案，还是具有较大的普遍性？这时候就可以进行适当的市场调研。

视频讲解

（二）发现特定客户群体的问题

当我们有机会或者有想法服务于某一类型的客户时，如何发现他们最关注的问题呢？

怎样让更多乘客愿意乘坐火车呢？你会选择把车厢变大？把座位变得更舒适？还是，设置更多的车次？解决这个问题的不是火车技术公司，而是一家设计咨询公司——IDEO。1997 年他们接到来自 Acela 公司的改造火车车厢以提升乘客搭乘率的要求。IDEO 没有一上来就研究车厢，而是做了大量的用户行为研究。基于这些研究他们发现，

搭乘率低的根本问题是订票、取票和搭乘整个过程过于繁杂，影响了乘客的乘车意愿。于是他们重新设计了购票系统，真正改善了整个乘坐体验。

在上述的案例中，这家火车交通公司向 IDEO 提出的问题是：改造火车车厢的设计以提升乘客搭乘率的要求。如果是普通的设计公司，接到这个业务，可能立马会开始着手做几版车厢的改造效果图，让付费的火车公司选择一个。但是这样的解决方案是不是真的有效呢？列车公司之所以提出改造火车车厢这个问题，背后真正的意图是什么呢？其实是在于提升乘客搭乘率。正因为关注到了这一层，IDEO 公司去做了大量的用户行为研究，包括观察用户、访谈用户、亲自去体验整个搭乘过程，最终发现顾客乘车意愿低是由于订票取票和搭乘过程过于复杂。于是这个项目聚焦到了一个核心问题：如何能够改善火车搭乘过程的便捷性以提升顾客达成率。抓住了真实的问题，后面的工作才会有的放矢，才是真正的以人为本。

我们将发现特定客户群体的问题这个要点分为以下两个步骤。

1. 用户画像

没有业务能满足所有消费者，当我们构思业务的时候，首先要明确我们打算服务怎么样的用户。团队内部每个人对于用户的理解可能都不相同，而且大家会有自己的惯性思维。举个例子，同样是“宝妈”，大家的第一反应有的是既要奋斗事业又要兼顾家庭的职场女性，有的人的第一反应是全身心在家育儿的全职太太，两者的诉求可能截然不同。我们充分理解客户，获得我们要服务的客户的整体信息，并得出一个清晰的用户画像。

在大数据时代，企业通过对海量数据信息进行整理、聚类、分析，将数据抽象成标签，再利用这些标签将用户形象具体化。简单一句话，用户画像是对产品典型用户的打标签！

作为实际用户的虚拟代表，用户画像所形成的用户角色并不是脱离产品和市场之外所构建出来的，形成的用户角色需要有代表性，能代表产品的主要受众和目标群体。我们要首先去接触真实的目标用户，收集数据，高度精练他们的特征标识。这些标签，加上适量的描述集合就能抽象出一个用户的信息全貌，这包括该用户的教育、生活方式、兴趣、价值观、目标、需求、限制、欲望、态度和行为模式的详细信息。

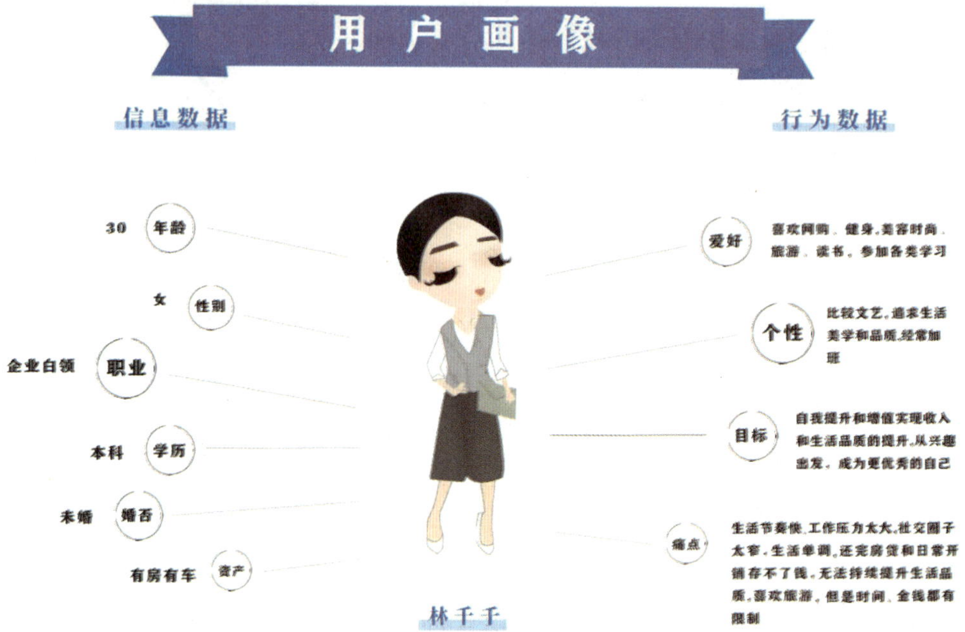

需要注意的是，我们建立用户画像的目的是，能够统一沟通并能够根据用户的需求和目标开发解决方案、产品和服务。我们一定要以这样的思路对画像进行描述。

做好描述后，为画像添加一些虚构的个人细节，给画像起个名字，使画像成为现实的人物角色，再将人物可视化地呈现出来。

2. 用户共情

用户共情也叫移情，是定义和解决问题的基础。简单地说，这个步骤是要带着同理心去观察你的目标用户，换位思考，结合在用户画像中探索的人物属性，去探索他们真正的需求是什么，什么对他们来说是最重要的。

在共情中，常用到的重要方法有观察、访谈、亲身体验、用户历程图等。

观察法：结合用户的现实生活、工作场景去观察用户的行为细节，记录下他做了什么、说了什么、怎么做的、怎么说的，分析他为什么要这么做、这么说，做和说的当时的情绪是怎么样的，是焦灼还是舒坦。

访谈法：通过访谈可以深入探索用户行为背后的真正动机。

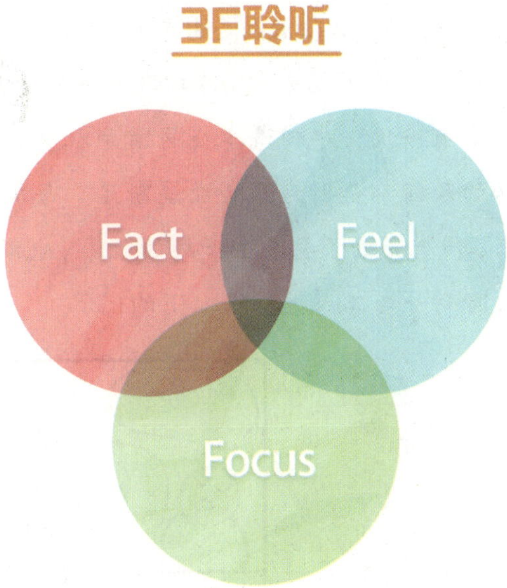

访谈前可以结合观察和你假设的问题，列出访谈提纲，进行问题整理归类。

在访谈过程中，重点则要放在用户身上，而不是想着自己还有什么问题没有问。不要过于着急表达自己的观点，思考如何从自己的个人经验对他人做出反馈，而是在别人进行陈述的时候，把全部的注意力放在对方身上，用3F聆听法真诚地关注对方——听事实，感受他的感觉，领会他的意图，这是有效沟通的基础。

（1）Fact（事实）——听到他说的全部事实是什么。

（2）Feel（感受）——听到他说这件事是在什么样的感受下说的，他的情绪是怎样的。

（3）Focus（意图）——听到他说这件事真正的意图是什么。

3. 问题澄清

在得到一个问题后，可能离用户最真实内在想解决的问题还有一段差距。因此，在发现一个问题之后，我们就需要对问题进行深入洞察，反复推敲和分析这个问题是否准确和清晰，而不急于给出解决问题的方案。

首先，是澄清问题的定位。无论我们之前是从探索自身相关的问题，还是特定用户的问题出发，在这个环节，我们都要从这个用户角色中跳出来，将自己定位为一名设计师，定位为一个将要解决问题的人，而不是问题的对象本身。

其次，是澄清问题的本质。有时候我们观察到的是一个问题的表象，这就需要我们充分探索问题的本质。这时候我们可以通过多问几个为什么，来追问真正的问题。

【拓展知识】

五问法

五问法又称为“丰田五问法”，是一种通过连续提出问题来确定问题发生的根本原因的方法。这种方法最初是由丰田佐吉提出的，他的儿子丰田喜一郎就是丰田汽车的创立者。因此，“五问法”后来成为丰田汽车公司成功的重要法则之一，被称为“丰田科学方法的基础”。

有一次，丰田汽车公司前副社长大野耐一发现一条生产线上的机器总是停转，停转的原因都是因为保险丝烧断了。每次虽然及时更换保险丝，但用不了多久又会被烧断，严重影响了整条生产线的效率。也就是说，更换保险丝并没有解决根本问题，于是，大野耐一与工人进行了以下的问答。

一问：“为什么机器停了？”

答：“因为超过了负荷，保险丝就断了。”

二问：“为什么超负荷呢？”

答：“因为轴承的润滑不够。”

三问：“为什么润滑不够？”

答：“因为润滑泵吸不上油来。”

四问：“为什么吸不上油来？”

答：“因为油泵轴磨损、松动了。”

五问：“为什么磨损了呢？”

答：“因为没有安装过滤器，混进了铁屑等杂质。”

经过连续五次连续不断地追问“为什么”，才找到问题的真正原因和解决的方法——在油泵轴上安装过滤器。如果我们没有这种追根求源的精神来发掘问题，就会像以往一样，只是换根保险丝草草了事，真正的问题还是没有解决。

总结起来，就是要不断地刨根问底把根源挖掘出来。

其实，这“五个为什么”并不是一个什么新鲜的发明，日常生活中，我们常常会听到有人说“碰到问题，多问几个为什么”。中国还有一句古老的谚语：“打破砂锅问到底”，说的也是这么回事。当然，“五个为什么”在实际应用中，有可能将这种提问进一步扩展到六问、七问，甚至是更多的“为什么”。到底该是几问并不重要，重要的是一定要刨根问底，把最深层的原因找出来。

4. 问题的评估

不是所有的问题都是创业机会。有些问题是相对短暂和偶然的，会自动消失或恢复原状，或者通过现有的方法干预可以矫正到预期的状态，或者这个问题只在很小的范围甚至是一个个人问题，那么就不具备商业的空间。比如说上网的流量不足，那购买一个大的流量包就可以解决；比如说水龙头漏水，那找人来换一个新的水龙头就可以恢复常态。这样的问题都不属于我们要探索的创业问题。

我们要以一个创业项目的设计师的身份来评估这个问题。很多人创业失败的一个主要原因，就是所发现的问题根本就不是一个创业问题。当一个问题具有一定的严重性和持续性，当前状态与预期状态存在着差异，而这个差异足以导致用户不舒服、抱怨、担忧，而且这些不舒适的感觉已经不仅仅是“痒”，而已经上升到了“痛”；并且目前市场或者区域市场并没有非常理想的解决方案，或者现行方案存在着令人不满意的状态；同时这个解决方案体现出的产品或者服务有足够大的市场需求，有足够多的用户，这样的问题才是真正的创业问题。

【案例学习】

59store 夜猫店

2016 年 10 月，完成超过 2 亿元 B 轮融资的 59store 校园综合服务平台项目获得中国“互联网 +”大赛全国金奖。

在 2014 年年底之前，作为最早一批做校园 O2O 的公司之一，59store 的模式和其他同类公司都差不多，都是通过自有配送团队，为在校大学生提供购买零食和日用品的平台。平台最初是为学生提供休闲零食 59 分钟内送达服务，销售商品

多为学生喜爱的休闲小包装食品、畅销型食品饮料等，后经过转型升级，将销售及配送产品扩展至涵盖学生生活日用品、学习用品等领域。

通过对后台数据的观察，59store 运营团队发现，虽然提供的是全日的服务，但是平台大部分订单都集中在晚间产生，这占到了全部订单量的 60%~70%。而且相比于日用品，零食和饮料的消费更加高频。

这个数据，引发了创始人，当时还是上海交通大学学生周坤鹏的思考：为什么会出现晚间订单集中产生的现象。逻辑其实也很好解释：白天学生穿梭于校园之间，购买食品饮料比较方便。而到了晚上，学校里的便利店会关门，而且大家也懒得晚上出去，但是打游戏、熬夜看书、学习时吃零食的需求却是有的，而且这个需求很急迫，肚子饿的时候根本等不了 1 个小时。

这个发现让周坤鹏团队获得了一个很有价值的问题：如何能够及时地解决大学生晚间吃零食的需求？这个问题，实现了项目从“用户痒点”到“用户痛点”的转变。

最终，59store 团队砍掉日用品，专注做晚间零食业务，推出“夜猫店”品牌，仅在晚上 9 点到 11 点间配送，为了解决如何在夜晚做到高效快速配送的难题，59store 引入一个新的模式，即招募学生卖家，每栋宿舍楼一个，由总部统一配货。该宿舍楼的学生下单后，由同宿舍楼的学生卖家 5 分钟火速配送到手，专注解决大学生晚上不方便买零食、宵夜吃的痛点，充分调动起大学生兼职的积极性。其实主打的卖点是比京东还要快的配送速度，以及校园周边便利店没有的送货上门服务。

5. 问题的重构

当我们找到问题的本质，就可以去尝试重构这个问题。问题是以什么形式被提出来，会直接影响回答问题的人的思考方式。一个美丽的问题应该以能够转变我们感知或思考事物的方式出现，是促进改变的一种催化剂。

我们可将探索到的问题用一个奇妙的句式来重构：“How might we ? ”，中文翻译为“我们怎样才有可能？”

我们怎样才有可能减少等待出租车时间的问题？

我们怎样才有可能增强健身人群对热量的精确把握？

我们怎样才有可能提高大学生的英语口语能力？

拓展训练

以小组为单位，每人提出 20 个自己生活、学习、工作中的“问题”，然后小组投票选出最有价值的一个问题，并用“How might we？”结构进行问题重构。

项目二

如何识别创业机会？

ideas
SHINE THROUGH

案例导入

黄冠与“荔枝微课”

在福布斯中国公布的 2018 年中国“30 位 30 岁以下精英 (30 Under 30)”榜单中，荔枝微课联合创始人兼 CEO，出生于 1990 年的黄冠榜上有名，成为“消费科技”领域精英人物。

荔枝微课是定位于终身学习的在线教育平台，于 2016 年 6 月上线，不到一年半的时间就拥有了 1.5 亿用户，累计产生 3 亿多元销售额，现已成为国内最大的知识共享平台之一。在第三届“互联网 +”大学生创新创业大赛中，荔枝微课也获得了金奖。荔枝微课帮助很多人找到了实现更高人生价值的路径，例如在荔枝微课的用户中，一位曾经从事幼师工作的宝妈，为带孩子而全职辞掉了工作。在接触荔枝微课平台后，她觉得可以尝试把平时给孩子读英文绘本的语音录制下来，分享到平台上，没想到发布后很受欢迎，进而她打造了一系列的高质量的英文绘本亲子育儿课程，每月实现了十万元的收入。

LYCHEER
- 荔枝 · 微课 -

令人惊讶的是，这支“横空出世”的团队竟然几乎都是由刚毕业的应届大学生组成的，包括黄冠在内，他们大多都来自华南理工大学。荔枝微课可谓是应运而生，2015年后，知识付费在逐渐成形，相继涌现出分答、得道、知乎live等知识分享平台，还有专注内容付费的技术服务商——小鹅通，连喜马拉雅、蜻蜓FM等音频分享平台也正向知识分享平台转型。荔枝微课以平台的稳定性好和音质好，获得了很多用户的青睐，吸引了杨澜、鲁豫这样的名人，更是打开了知名度。目前，以荔枝微课为代表的知识分享平台已经成为“互联网+”时代的教育新趋势，持续输出有价值的知识、技能和经验，让用户高效获取技能素养，为内容创业者创建变现舞台。

对于福布斯的肯定，黄冠表示，这是荔枝微课专注知识分享，打造微信生态的新教育模式的最佳收获。未来，他将带领荔枝微课，在互联网教育事业的道路上走得更远，传递分享知识，帮助更多人学习成长。

（案例来源于网络）

问题探索： 分析荔枝微课的案例，讨论我们从哪里可以寻找创业机会?

核心知识

一、创业机会的挖掘

发现有价值的问题无疑是探索创业机会的一个起点，深入地探索问题可以获得潜在的创业机会，但是仍然需要进一步探索这个机会是否有创造市场价值的可能性。

视频讲解

（一）未被满足的需求

美国心理学家马斯洛提出了著名的需求层次理论，认为人类的需求从低到高分为五个层次，包括生理需求、安全需求、社交需求、尊重需求和自我实现需求。好的创业机会首先要保证的就是你的需求是真实的需求，而不是伪需求。真实的需求有以下几个特点，一是用户的精准性，二是场景的真实性，三是问题的本质性，四是程度的严重性。

（二）不可逆转的趋势

世界的车轮滚滚向前，发展的趋势不可逆，有些行业可能已经日薄西山，而有的机会却方兴未艾。

比如，曾经称霸全球摄影行业近百年的柯达公司，因为迟迟不愿影像数码化而落后于市场，最终只能宣告破产；曾经在手机市场上风头无二的诺基亚，在大家都在推自己的智能手机的时候，诺基亚的广告仍然是超长待机，没有跟上时代的发展，致使自己跌落了神坛。当我们探索创业机会的时候，一定要判断这个行业的发展趋势。

在政治、经济、文化、社会发展中，都会催生出许多创业机会。比如互联网的发展，催生了大批的互联网科技公司，比如百度、阿里巴巴、腾讯三巨头都是抓住了互联网的红利，顺势而为，成就了伟业。移动互联网和大数据的发展，让 Uber、滴滴、Airbnb 以及摩拜单车等共享经济创业项目的出现，持续变革着我们的日常生活，这个趋势与不同行业的结合也会催生更多的创业机会。人口老龄化问题成为全世界关注的焦点，这一趋势在很长时间内都会持续，因此养老、健康、医疗、休闲、护理、康复等项目都是有很大发展前景的。

因此，我们在考察一个创业机会时，应该将其置于时代发展的大趋势下去探索市场价值。

（三）宏观引领的政策

创业者关注国家的政策的导向性是很有必要的。国家的战略部署，出台的各类政策，都像是市场的一根指挥棒，是政府通过顶层设计来引导市场趋势的具体体现。因此创业者要认真研读政策文件，紧跟政策导向，抓住发展机遇。

比如说，2019 年《粤港澳大湾区发展规划纲要》的出台和实施将为粤港澳青年创业提供难得的历史机遇。具体体现在四个层面：一是城市定位高，资本市场广阔，为青年创业提供了广阔的平台；二是特色金融产业发展势头强烈，高新技术产业和文化产业聚集，为青年创业提供了多项创业选择；三是基础建设逐步完善，创业平台积极搭建，为青年创业提供助力；四是政府多方面支持，扶持创业政策出台，为青年创业提供了保障。

二、创业机会的分类

创业机会根据分类的维度不同，可以分为不同的类型。根据市场和产品的明确性，我们将创业机会分为以下四种类型。

（一）复制型创业

在现有市场中以现有产品开展创业的模式，也就是复制他人已有的创业模式，称为复制型创业。

比如你看到别人开了个餐厅卖小龙虾生意很火爆，你也找个门面开了个小龙虾餐厅。或者你看到别人在网上卖衣服卖得不错，于是你也开了一个。或者你看到“7 天”经济型酒店客流稳定，你也加盟了一个。这些都属于复制型创业。

这些创业机会比较容易识别，只要你有意愿想创业，并且具备最基本实现这个模式的资源，你就能够开始创业。但是要注意的是，这样的创业机会门槛较低，除了你，别人也能够一眼就看到，大家比较的就是执行和管理的好坏。如果你进入的行业，需求还很大，那一般没问题。但如果市场已经趋于饱和，那么进入就有较大的风险。

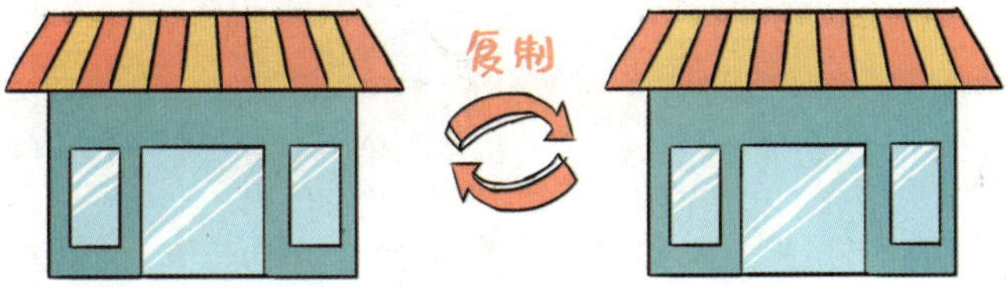

（二）模仿型创业

一种创业模式已经在某个市场或某个地区获得了成功，将这种创业模式移植到新的市场或新的地区，这样的机会被称作模仿型机会。

最著名的例子，淘宝网最初就是模仿了 eBay，QQ 是模仿了 ICQ，百度模仿了 Google 谷歌。这些公司并不是照搬国外的模式，他们都将产品做了本土化的改造，更加符合中国人的使用习惯和实际需要，更加容易在一个新的市场上获得成功。例如，百度就优化了中文搜索的语义语境判断，让中文搜索的准确率更高。可见，模仿型机会比复制型机会要有更多的渐进式创新。

（三）增值型创业

当我们已明确用户的需求，通过提供一种改进的、创新的解决方案来满足用户需求的创业方式，称为增值型创业。此类型创业提供的新的解决方案比原有的产品提供的解决方案更优质，具有更高性价比。比如说，过去我们看书都需要买一本本的纸质书，但是Kindle等电子书阅览器却是一种很轻便的设备，里面可以存储大量书籍；比如，以前我们开会必须将大家集中到同一个场地才行，但是腾讯会议的功能能够让大家在天南海北通过网络同时在线开一个在线视频会议。

“互联网+”大赛中的绝大多数获奖作品，都属于增值型创业，都是为已有问题创造出一种更高效的解决方案。

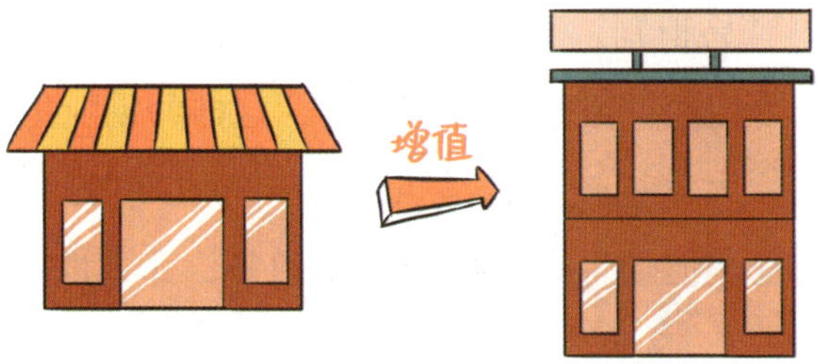

【案例学习】

第四届“互联网+”大赛金奖项目——90后女孩有点“田”

90后女孩丁蓉蓉生活在鱼米之乡江苏淮安，从小在父亲经营的蔬菜大棚里长大，对农业有着不同寻常的感情。

2013年暑假，丁蓉蓉去日本旅游，吃到一种蔬菜，口感嫩脆爽口。她随后了解到，这种蔬菜叫冰草，营养丰富，深受日本人喜爱。“虽然冰草价格当时在每斤七八十元左右，但随着中国老百姓消费水平的提高，我觉得冰草还是很有市场的。”丁蓉蓉于是竭力说服父亲试种冰草。

丁蓉蓉费了很大周折将冰草种子引进到国内。但父亲试种冰草一年，反复实验都没有成功，发芽率极低，品质还不稳定。进口冰草种子价格昂贵，眼见投资打了水漂，一向不服输的丁蓉蓉做出了一个决定：休学回家，专心研究冰草。

“当时父亲是不同意的，觉得一个女孩子，好好学习就行了，哪里懂什么种植冰草。村里人也不理解，说好好一个大学生，怎么到头来回乡种地了。”丁蓉蓉说：“在大家的反对中，我还是开始了冰草种植之路，而这一种就是 4 年。”

休学期间，丁蓉蓉从来没停下过冰草种植试验。她天天吃住在大棚里，晴天一身土、雨天一身泥。为了成功种植冰草，她还上网查找各种资料、到处请教农业专家。经过反复实验，在2014年冬天，丁蓉蓉终于找到了适合冰草生长的温度、湿度、土壤酸碱度、光照强度等环境数据，成为江苏规模化种植冰草的第一人。

更让人刮目相看的是，她采用 8 个大棚对 4 个变量进行了 18 个月的实验，丁蓉蓉于 2016 年 5 月实现冰草的引种驯化，培育出了新品种——“大叶冰草”，打破了国外对冰草种子的长期垄断，将当时每斤 5 万元的进口冰草种子的育种成本降到了每斤 3000 元。

（案例来源于网络）

（四）风险型创业

利用社会新趋势、技术变革、政治制度变革、开拓的新的创业机会，是风险性创业的常见形态。风险型创业往往不是发现机会，而是创造机会，会创造出全新的产品、全新的市场甚至全新的行业。

比如说，互联网的产生更是推动了整个社会的进程产生了翻天覆地的变革。乔布斯创造的iPhone打开了一扇新世界的门，智能手机改变了所有人的生活形态和很多行业的形态。风险型的创业往往是基于颠覆式创新，这些创新在产生之前，无论是产品还是用户都是不存在的，因此投入和风险也都是非常大的。

拓展训练

（1）以小组为单位，每人举出三个你感受最大的变化趋势或你最关心的社会问题，讨论潜在的创业机会，并最终选出三个最有创业价值的机会。

（2）针对第一个训练任务你们小组得出的最有价值的问题，利用 MPO 矩阵分析至少三种创业机会。

模块四

创新思维开发

Part 04

项目一

如何冲破思维障碍？

案例导入

逆天设计的反向伞，这才是雨伞的正确打开方式！

撑了 3500 年的伞居然可以反着打开。那么，为什么需要一把反向伞呢？对于经常会下雨、阳光剧烈的夏季，一把普通的雨伞基本能帮你遮阳挡雨。但在 365 天，200 天都在下雨的英国，一位孝顺的 61 岁大叔 Kazim，因为丈母娘经常抱怨“每次下雨，家里的地板都会被弄得湿漉漉！”。身为航空工程师的他，出于职业敏感突发奇想：会不会是伞的设计出了什么问题？所以，Kazim 大叔决定推翻雨伞正向打开 3500 年的历史。他开始有意捕捉下雨天时传统雨伞带来的种种不便。开车收伞不方便，比如雨天上车时，想躲进车里再收伞，但无论如何你都收不进去。只能迅速地先收伞、再进车，即便你动作再快，也还是要淋一身。进到车里，湿漉漉的伞，不知道放哪儿，很容易沾湿一些重要的文件、物品。下车开伞不便，下车时，还要再过遍水。不仅如此，在人多拥挤的地方开伞的时候也要小心翼翼。如果雨伞再遇上大风天，那根本就撑不住，打伞跟不打伞效果无异。

Kazim 大叔运用所掌握的知识开始了对传统雨伞全新的升级。他利用反方向收伞的设计，减少收伞时所需空间，同时确保伞上雨水不会溅到身上。前后经历了两年时间，他拿出了一把颠覆传统的反向折叠伞。这种雨伞的外观跟传统雨伞无大差别，打开与合拢的方向则与传统雨伞完全相反，打开的原理就像花儿盛开一样。独特的开合方式，让你即便在拥挤的人群中，也不用担心误伤他人。新款雨伞，设计了 C 型免持手柄简直就是下雨天解放双手的救星，玩手机、抱孩子、提重物……真正解放了双手。反向伞的 C 型手柄设计妥妥的天然挂钩还能自主站立晾干雨水，完全不用愁没有地方挂伞。

2015 年 5 月，该设计团队原本计划在网站众筹 25 000 欧元，但产品设计公开后大受欢迎，最终筹得 265 397 欧元。

反向伞

反向伞的开和收

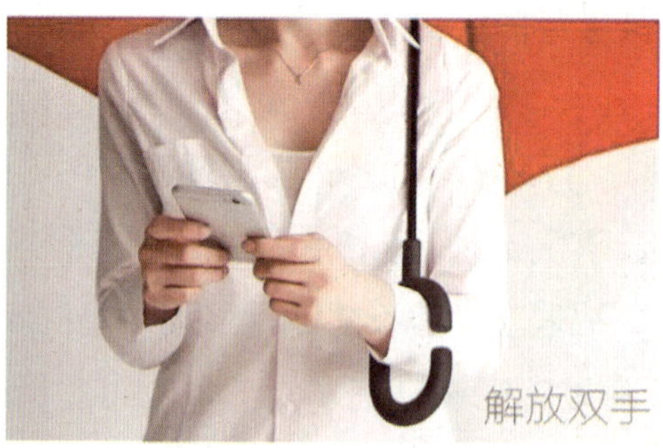

反向伞的 C 型免持手柄

（资料来源：搜狐自媒体——搜狐号）

问题探索：请在5分钟内接龙说出一枚曲别针的100个用途。

核心知识

一、认识创新与创新思维

2002 年，英国广播公司（BBC）《今日节目》的听众在一项民意调查中选出以下十项最佳发明，这项民意调查是专门为纪念英国专利局成立 150 周年而设计的（按票数降序排列）。

视频讲解

1. 自行车 / 德莱斯（Karl Drais，1866）
2. 收音机 / 马可尼（Guglielmo Marconi，1897）
3. 计算机 / 图林（Alan Turing，1945）
4. 青霉素 / 弗莱明（Alexander Fleming，1940）
5. 内燃机 / 奥托（Nicolaus Otto，1876）
6. 万维网 / 伯纳斯-李（Tim Berners-Lee，1989）
7. 电灯泡 / 爱迪生和斯旺（Thomas Edison and Joseph Swan，1829）
8. 反光道钉 / 肖（Percy Shaw，1936）
9. 电话 / 贝尔（Alexander G.Bell，1876）
10. 电视机 / 贝尔德（John Logie Baird，1923）

19 世纪由德莱斯在巴黎发明的自行车以压倒性票数胜出。因为这项民意调查是为了纪念专利局的成立，所以要求选出的是十个最重要的发明，这一点不足为怪。专利局就是为发明而存在的，它把专利发放给那些发明者，他们的天才智慧和坚忍不拔的精神使其发明最终成为现实。有趣的是，这里列出的所有发明都属于创新。因为在上述所有的例子中，它们都没有停留在发明阶段，所有的发明都转化为了产品，直到今天都在市场上销售，并被大家广泛使用。

（一）创新的含义与分类

对“创新”概念的系统阐明，首先出现在美籍奥地利经济学家熊彼特（J.A.Schumpeter，1883—1950）的著名经济发展理论中。熊彼特的经济理论以对资本主义分析为主体，“创新”概念是该理论体系两个最重要的概念之一，另一个是“企业家”概念。在熊彼特看来，资本主义的发展以及必然出现周期性的原因，正是在于企业家的创新行为。也就是说，该理论所谓的创新，除了“创新”概念的基本含义外，明显强调了其中具有经济学意义的方面，那就是它特指某种经济行为或活动。

创新本身就是一个不断创造、不断毁灭的过程。在熊彼特看来，创新者必须具备三个条件：要有眼光，能看到潜在利润；要有胆量，敢于冒险；要有组织能力，能动员社会资金来实现生产要素的重新组合。

如果创新的规模和种类各不相同，对这个词的理解有时候又因人而异，那么要把对创新的理解统一起来就不是一件易事。也许我们可以先从分类的方式切入，把创新进行归类，对每种创新做仔细的分析，以便于理解整体意义上的创新。

按照创新的内容，可分为知识创新、技术创新、工程创新、管理创新和社会创新等。

1. 知识创新

知识创新是指通过科学研究，包括基础研究和应用研究，获得新的基础科学和技术科学知识的过程。科学研究是知识创新的主要活动和手段。知识创新包括科学知识创新、技术知识特别是高技术创新和科技知识系统集成创新等。知识创新的目的是追求新发现、探索新规律、创立新学说、创造新方法、积累新知识。总之，知识创新为人类认识世界、改造世界提供新理论和新方法，为人类文明进步和社会发展提供不竭动力。

2. 技术创新

1992 年 OECD（经济合作与发展组织）认为：技术创新包含了新产品和新工艺的产生以及对产品和工艺的重大技术性改变。创新包括了以系列科学的、技术的、组织的、金融的和商务的活动。我国学者认为：技术创新是指企业应用创新的知识和新技术、新工艺，采用新的生产方式和经营管理模式，提高产品质量，开发生产新的产品，提供新的服务，占据市场并实现市场价值。

技术创新又可分为产品创新、服务创新、业务流程创新、业务模式创新、文化创新等。

3. 工程创新

工程是人类以相关的技术，按一定的规则，为了构建一个新的存在物的集成性活动。由于每项工程活动都有其特殊的初始条件、边界条件和不同的目标要求，不可能存在两项完全相同的工程。例如，当一个隧道工程“学习”另一隧道工程的先进经验时是必须有某些变化或创新的。工程创新就有了多方面的具体内容和多种不同的表现形式：工程理念创新、工程观念创新、工程规划创新、工程设计创新、工程技术创新、工程经济创新、工程管理创新、工程制度创新、工程运行创新、工程维护创新、工程“退出机制”创新（例如矿山工程在资源枯竭后的“退出机制”）等。工程创新的重要标志体现为“集成创新”。

4. 管理创新

管理创新是指为了更有效地运用资源以实现目标而进行的创新活动或过程，或者说是一个新的管理思想从提出到首次付诸实施并取得预期效益的非连续性创新过程。管理还可分为管理理念、制度、方法和文化的创新。管理创新是一种软创新，许多工作人员只重视可见的硬创新，却忽略了软创新。其实软创新是更为内在的文化创新，它是硬创新所不能替代的。

IBM公司在硬件业务压缩、软件业务大量增加的情况下，认为企业文化需要转变。从制造型业务到知识型业务，管理也从“你做什么”的命令变成了“你想什么”。

IBM对管理文化的新定义是“不能够事必躬亲，企业需要将合作纳入流程；不断产生创新理念，也不要固守自己的知识产权，应当利用公共的智力资本，并为其注入新活力并做出贡献。”

5. 社会创新

社会创新指的是能够满足社会目的、取得实效的新想法。社会创新是指开发出更为有效的服务、项目和组织来满足社会需求，涉及的领域包括卫生、住房、教育和养老。这需要政府和企业做出较大的努力。然而目前组织形式不固定，资金投入少，参与的机构及方式不成体系是现有的问题。各国政府也在进行此方面的政策咨询并付诸实践。社会创新可分为社会制度创新、社会政策创新、社会组织创新等。

（二）创新意识

1. 创新意识的定义

创新意识是指人们根据社会和个体生活发展的需要，引起创造前所未有的事物或观念的动机，并在创造活动中表现出的意向、愿望和设想。

创新意识是人类意识活动中一种积极的、富有成果性的表现形式，是人们进行创造活动的出发点和内在动力，是创造性思维和创造力的前提。

2. 创新意识的培养方法

01 对所学习或研究的事物有好奇心

02 对所学习或研究的事物要有怀疑的态度

03 对所学习或研究的事物要追求创新的欲望

04 对所学习或研究的事物要有求异的观念

05 对所学习或研究的事物要有冒险精神

06 对所学习或研究的事物要做到永不自满

（三）创新能力

创新是在前人基础上的一种超越，创新主体在创造过程中有新思想的提出和新成果的出现，这就需要创新主体自身具备创新的能力和素质，能够被创造活动所激发，把潜在的创造力变成现实的创造力。一般来说，创新能力是指创新主体所具有的创造性地、有效地运用现有知识和技能做出新成果的能力。

个体创新能力显示的是一种综合能力，具体包括能力倾向、专业技能、创造技能和人格特征。

【案例学习】

3M 公司的创新

美国明尼苏达矿业制造公司，因英文名称头三个单词以 M 开头，所以简称为 3M 公司。3M 公司以其为员工提供创新的环境而著称，视革新为其成长的方式，视新产品为生命，公司的目标是：每年销售量的 30% 从前 4 年研制的产品中取得。

3M 公司知道，建立有利于创新的文化氛围是非常重要的，因此在工作中 3M 的管理人员尊重个人的尊严和价值，鼓励员工各施所长，为其提供了一个公平的、有挑战性的、没有偏见的、大家分工协作式的工作环境；尊重个人权利，经常与员工进行坦率的交流。主管和经理要对手下员工的表现与发展负责。鼓励员工发挥主观能动性，为其提供创新方面的指导与自由。冒险与创新是公司发展的必然要求，要在诚实与相互尊重的气氛中给予鼓励和支持。同时，提供公平的个人发展的机会，对表现优秀的员工给予公平合理的奖励。

3M 公司提倡员工勇于革新。只要是发明新产品，不会受到上级任何干预。同时，允许有失败，鼓励员工坚持到底。公司宗旨中明确提出：决不可扼杀任何有关新产品的设想。公司上下努力养成以自主、革新、个人主动性和创造性为核心的价值观。

3M 公司对创新的基本解释既醒目又简单。创新就是：新思想 + 能够带来改进或利润的行动。在他们看来，创新不仅仅是一种新的思想，而是一种得到实行并产生实际效果的思想。创新不是刻意得来的，3M 公司证明了一件事，那就是当公司越是刻意要创新时反而越不如其他公司。“随时贴”便是在一连串意外中诞生的，并不是依照精密的计划而来，每次意外的发生都是因为某个人可以完全独立从事非公司指定的工作，但同时也履行了对公司的正式义务。发明者往往比管理者有更多的空间，可以表达自我。

正是由于 3M 公司独有的创新文化，一系列的创新机制和创新管理，使得 3M 公司在过去 15 年中，每年都出现在著名的《财富》杂志的美国企业排行榜上，有 10 年均名列前 10 名。面对知识经济的挑战，3M 公司的知识创新实例，为企业提供了不可多得的范例。

（资料来源：辽宁省人事厅．创新能力培训教程 [M]. 沈阳：辽宁大学出版社，2007.）

二、冲破思维障碍

（一）思维障碍的含义

人的大脑思维有一个特点，就是一旦沿着一定的方向、按照一定的次序思考，久而久之就会形成一种惯性。也就是说，这次这样解决了一个问题，下次遇到类似的问题或表面看来相似的问题，就会不由自主地还沿着上次的思考方向或次序去思考，这种情况就称作“思维惯性”。思维惯性和思维定式统称为“思维障碍”。

视频讲解

一方面，思维障碍有着巨大好处，它使人们的学习、生活、工作简洁明快，促进社会的高度有序化；另一方面，思维障碍的固定程序化又阻碍科技发展，尤其是在创造活动中，思维障碍阻碍了人们创造性地解决问题，对于创新是非常不利的。

（二）常见的思维障碍

1. 习惯性思维障碍

习惯性思维障碍通俗地说就是“习惯成自然”，是指人们不自觉地用某种习惯了的思维方式或依赖过去的经验去思考已经变化的问题。

习惯性思维几乎是人皆有之。对于有些简单的问题，如日常生活中的小事，按照习惯性思维去行事，可能会节省时间，或者少费脑筋。例如早上起床是先洗脸还是先刷牙，走路是先迈左脚还是右脚，各人有自己的习惯，都无不可。即使是某些数学运算，按照老经验、老习惯可以较快地完成运算。然而，世界充满着日新月异的变化。如果完全依赖过去的习惯和经验，固守不变的“老套路”“老框框”，就会约束人的思维，使人发现不了新问题，想不到新的解决方法，从而造成学习、创造的思维障碍。

【小试牛刀】

有一条宽100米的小河，两岸有A、B两点。问：如何架桥才能使人尽快由A到达B？（当然桥不能斜着架）

2. 权威型思维障碍

权威型思维障碍也叫权威定式，是指在思维过程中盲目迷信权威，以权威的是非为是非，缺乏独立思考能力，不敢怀疑权威的理论或观点，一切按照权威的意见行事。

权威定式对人类的发展与进步有着一定的积极意义，因为有了权威的存在，节省了人们无数重复探索的时间和精力；尊重权威能够消除混乱、带来秩序。但是如果一切按照权威的意见办事，盲目崇拜和服从权威，不敢逾越权威半步，就会严重扼杀人们的创造性思维的发挥。权威型思维障碍体现在很多方面，包括领导权威、学术权威、明星权威、书本权威、媒介权威等。

3. 从众型思维障碍

从众心理，就是不带头、不冒尖、一切都随大流的心理状态。从众型思维障碍是指人们不假思索地盲从众人的认知与行为。当个体的信念与大众的信念发生冲突时，虽然清楚地知道自己的信念是正确的，但由于缺乏信心，或不敢违反大众的信念而主动采取与大众相同的观念。羊群效应就是比喻人都有一种从众心理，从众心理很容易导致盲从，而盲从往往会令自己相信骗局或遭到失败。

4. 自我中心思维障碍

自我中心思维障碍是指人想问题、做事情完全从自己的利益与好恶出发，主观武断地不顾他人的存在和感觉。

在日常的思维活动中，人们自觉或不自觉地按照自己的观念、用自己的眼光、站在自己的角度上去思考别人乃至整个世界，由此产生了自我中心的思维障碍。

5. 直线型思维障碍

直线型思维是指一种单维的、定向的、视野局限、思路狭窄、缺乏辨证性的思维方式，但同时也被认为是以最简洁的思维历程和最短的思维距离直达事物内核的最深层次的一种思维方式。在解决简单问题时，人们只需用一就是一、二就是二，或因为

A=B，B=C，推出结论A=C，这样直线型的思维方式可以奏效。如果面对复杂多变的事物，仍用简单的非此即彼或者顺序排列的方式去思考，就是直线型思维障碍。

直线思维习惯看起来是更有效率地解决问题的办法，因此很多人在面临问题时首先考虑的就是如何直截了当地一击即中，却常常是事与愿违。

【小试牛刀】

下图的正方形分成了四个部分：A，B，C和D，其中A，B，C的四分之一的部分被涂成阴影。

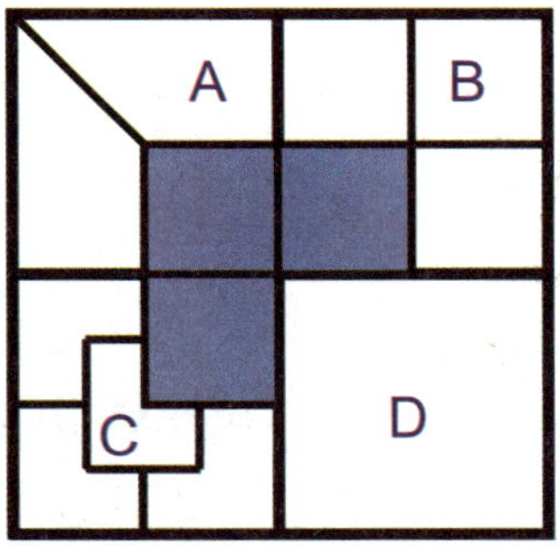

第一步：将“A”中未被阴影的部分，平分成形状相同且面积相等的两部分。

第二步：将“B”中未被阴影的部分，平分成形状相同且面积相等的三部分。

第三步：将“C”中未被阴影的部分，平分成形状相同且面积相等的四部分。

第四步：将“D”部分分成面积相等的七部分，该如何分？

（三）如何突破思维障碍

思维障碍是我们进行创新的拦路虎，突破思维障碍最好的办法就是转换思维视角。我们可以从三个方面去转换思维视角。

1. 改变万事顺着想的思路

顺着想可以使我们比较容易地找到解决问题的切入点，提高效率，但我们说客观事物是千变万化的，顺着想不能提示事物的内部矛盾。

变顺着想为倒着想。

【案例学习】

强光照射下的进攻

第二次世界大战后期，苏联军队向柏林发动总攻的前夜，苏联军队想趁着天黑发动突然袭击，可是这天夜晚星光灿烂，部队难以隐蔽。朱可夫元帅下令将所有的探照灯集中起来，用最强的光照射敌军的阵地。苏军在明晃晃的灯光下突然发动进攻，打得德军措手不及，苏军取得了胜利。天黑发动袭击，这是顺着想，天亮发动进攻，就是倒着想。

从对立面去想世界上的任何事物都是对立统一的，改变这一方不行，那么改变另一方可能有助于问题的解决。

【案例学习】

锅炉的改进

过去，工业锅炉和生活用锅炉，都是在锅炉里安装了许多水管，用给水管加热的方法，使水温升高，产生蒸汽，热效率不高。日本科学家熊田长吉想到，冷和热是相对的，不能只考虑热的方面，也要考虑冷的方面。

他在粗的热水管里又加了一根装冷水的细管，这样，热水上升，冷水下降，加快了锅炉中热水和蒸汽的循环，热效率提高了10%。

思考者改变自己的位置：换位思考或易位思考。

【案例学习】

冰箱的改进

最初的冰箱冷冻室在上面，冷藏室在下面，这样的目的，是为了将上面的冷空气引入到下面的冷藏室内。

日本夏普公司的研究人员进行了换位思考，假设自己是用户，发现人们对冷藏室用得较多，应该将冷冻室放在下面，冷藏室放在上面较方便。在冰箱内安上排风扇和通风管，将下面的冷空气提升到上面的冷藏室中。

2. 转换问题，获得新视角

问题是多种多样的，但彼此之间有很多相通的地方，对于难以解决的问题，与其死死盯住不放，不如把问题转换一下。

复杂问题简单化。

聪明的人把复杂问题简单化，不聪明的人把简单的问题越搞越复杂。事实上，在解决复杂问题的时候能够化繁为简，就是一种思维视角的转换。

【案例学习】

于振善测土地面积

很早以前，各国的数学家们都一直在思考，看如何计算出不规则地图的面积？我国的一位木匠，于振善，听到这样的问题后，他专心致志地研究起来，经过多次实验，终于找到了一种计算不规则图形面积的方法——“称法”。先精选一块重量、密度均匀的木板，把各种不规则的地图剪贴在木板上；然后，分别把这些图锯下来，用秆称出每块图板的重量；最后再根据比例尺算出 1 平方厘米的重量，用这样的方法，就不难求出每块图板所表示的实际面积了。也就是说，图板的总重量中含有多少个 1 平方厘米的重量，就表示多少平方厘米，再扩大一定的倍数（这个倍数是指比例尺中的后项），就可以算出实际面积是多大了。

把生疏问题转化为熟悉的问题。

对于从未接触过的生疏问题，可能一时无法下手，找不到切入点，但不要望而却步，试着把它转化成你熟悉的问题，可能就会有新的视角，也许还会有意想不到的成果诞生。

【案例学习】

钢筋混凝土的发明

钢筋混凝土的发明者，既不是工程师，也不是建筑材料专家，而是法国的一位园艺师，名叫约琴夫·莫里埃。莫里埃经营一个很大的花园，由于他技术高超而且勤劳，一年四季，五颜六色的鲜花开得满园都是。游客慕名前往，纷至沓来，从赏花得到美的享受。莫里埃也因此感到快慰。但游客中免不了会有不守规矩的人。有时一天过后，漂漂亮亮的花园，被弄得一团糟，花坛也被踏碎了。尽管莫里埃挂了“请勿摘花”“请勿踏花坛”等牌子，但根本不管用，观赏者为了一饱眼福，照踏不误。

但怎样才能使人们既踏上花坛又踩不碎它呢？为此莫里埃琢磨了好久，始终找不到一种上策。有一天，他在花园里劳动，将用瓦盆培育的木本花移栽到花坛中去，搬动的时候，不慎失手打破了花盆。他发现花根四周的土没有散，而是包成一团，连松都未松。他感到奇怪，蹲下去仔细一看，原来花木发达的根系纵横交错，把松软的泥土牢牢地连在一起。他重新搬起来有意地又摔了一下，土仍然没有散。这件事令他一下子想到如果制作水泥花坛的时候，放些花根在中间不就难得踏碎了吗？但他仔细一想又不对，花根与水泥一起用不大合适。经过一番思索，他想，将铁丝仿照花木的根系编成网状，然后和水泥、沙石一起浇铸，做成新的花坛果然踏不碎。由此，莫里埃想到了做房子，并将铁丝换成粗钢筋，这样浇灌出来的就是钢筋混凝土。

把不能办到的事情转化成可以办到的事情。

【案例学习】

南水北调工程

自1952年10月30日毛泽东主席提出“南方水多，北方水少，如有可能，借点水来也是可以的”设想以来，在党中央、国务院的领导和关怀下，广大科技工作者做了大量的野外勘查和测量，在分析比较50多种方案的基础上，形成了南水北调东线、中线和西线调水的基本方案，并获得了一大批富有价值的成果。

3. 把直接变为间接

先退后进。

在第二次国内革命战争时期此方法得到了巧妙应用。“敌进我退，敌驻我扰，敌疲我打，敌退我追”的十六字方针，取得反围剿的伟大胜利。

迂回前进。

有时为了前进，也可绕弯、兜圈子，“退一步海阔天空”。

【案例学习】

土豆在法国的传播

法国有个农学家叫安瑞，他在德国当过俘虏，吃过土豆，感觉非常好，回到法国之后，一心想在自己的家乡种植土豆。可是法国不少人坚决反对，后来安瑞终于得到国王的许可，在一块非常低产的土地上面试种土豆，为了引起人们对土豆的兴趣，他想出了一个很好的推广方法：土豆既然不好、不能吃，一定要看守好，不能让人偷了去。于是他请求国王派卫队来把守，这引起了人们的好奇心。有人趁晚上卫队不在的时候偷偷地来挖，回去吃了以后觉得很美味，于是就偷去种植。由此，土豆得以在法国传播。

先做铺垫，创造条件。

在面对一个不易解决的问题的时候，有时要设定一个新的问题做铺垫，为解决问题创造条件。

【案例学习】

老汉分牛

一个老汉有17头牛，分给三个儿子。大儿子得1/2，二儿子得1/3，三儿子得1/9，怎样分？（借一头，分完了剩一头再还回去。）

【小试牛刀】

下面有9个脑筋急转弯问题，看看你是否会落入思维定式的陷阱。

（1）什么话可以世界通用？

（2）什么照片看不出照的是谁？

（3）在一次考试中，两个学生交了一模一样的考卷，但老师认为他们肯定没有作弊，这是为什么？

（4）有一个眼睛瞎了的人，走到山崖边上，突然停住了，然后往回走，为什么？

（5）有一种东西，买的人知道，卖的人也知道，只有用的人不知道，请问这究竟是什么东西？

（6）电影院中正演恐怖片，全场尖叫，而在影院中的小英却哈哈大笑，为什么？

（7）展览馆里抓小偷，警察封住所有出口，小偷仍逃了出去，为什么？

（8）杀人犯被捕后，坚持说凶器一直留在犯罪现场没有带走，但为什么警察却找不到？

（9）牧师无论如何都不能主持的仪式是什么？

拓展训练

认知感悟创新实训

活动目标：感悟认知创新的相关概念，学会寻找生活中创新的事物，以此触发联想，形成新的创新点。

活动时间：课上 20 分钟，分工讨论，课下收集案例，制作 PPT。

活动步骤：

步骤一：主持人宣布实训题目，利用中国公众科技网、中国专利信息网、视觉中国、新华网科技频道、“挑战杯”官网、专利之家等互联网收集 2 ~ 3 个案例。

步骤二：分组。自由组合活动小组并命名，每组 6 ~ 10 人，其中主持人 1 人、秘书 1 人、发言人 1 人。

步骤三：各小组主持人主持本组会议。会议内容具体如下。

（1）小组主持人宣布活动内容。

（2）主持人进行分工，在不同网站上收集相关案例。

（3）案例可以包括科学发现、技术发明、企业创新、文化创意、大学生创业等。

（4）小组主持人组织组员讨论上述案例，完成下表。

案例讨论整理表

班级：　　　　　　　　小组名称：　　　　　　　　　　主持人：

案例名称	基本内容	创新点	产生的价值	受到启发	产生的设想

（5）发言人做好向全班大会汇报本组案例分析的准备，制作好 PPT。

步骤四：全班大会。各小组发言人分别向大会汇报本小组的案例。全班同学分享各组同学的创新成果。

步骤五：全体同学进行评价，评选最佳案例 2 ~ 3 项，对表现最佳的同学进行奖励。

项目二

如何锻炼创新思维?

案例导入

创新思维将废料变成“宝”

美国麦考尔公司的董事长是位犹太人。1946 年他随父亲来到美国休斯敦做铜器生意。

一天，父亲问他:“一磅铜的价格是多少？”他回答:“35 美分。”父亲说:“对，整个得克萨斯州都知道每磅铜的价格是 35 美分，但作为犹太人的儿子，你应该说 35 美元。你试着把一磅铜做成门把手看看。”20 年后，父亲去世了，他独自经营铜器店。他做过铜鼓，做过瑞士钟表上的簧片，做过奥运会的奖牌。他曾把一磅铜卖到 3500 美元。

1974 年,美国政府为了清理给自由女神像翻新时扔下的废料,向社会广泛招标,但好几个月过去了，仍没人应标。正在法国旅行的他听说后，立即飞往纽约，看过自由女神下堆积如山的铜块、螺丝和木料后，他未提任何条件，当即就签了字。纽约许多运输公司对他的这一愚蠢举动暗自发笑。因为在纽约州，对垃圾处理有严格规定，处理不好会受到环保组织的起诉。就在一些人要看他的笑话时，他开始组织工人对废料进行分类。他让人把废铜熔化，铸成小自由女神像；把水泥块和木头加工成底座；把废铅废铝做成纽约广场形状的钥匙模型。最后他还让人把从自由女神身上扫下的灰尘包装起来，出售给花店。不到 3 个月的时间，他让这堆废料变成了

350 万美元的现金，每磅铜的价格整整翻了 1 万倍。

在许多人的眼中，一磅铜就是一磅铜，然而，这位犹太人董事长却把一磅铜的价格卖到了几十倍、几千倍，甚至上万倍的价钱。

（资料来源：杨哲，张润昊．创新思维与能力开发 [M]．南京：南京大学出版社，2016.）

问题探索： 请分别写出下列事物的非常规用途。

事物名称		非常规用途
破碎的镜子		
变质的面包		
损坏的航天飞机		

核心知识

一、发散思维与集中思维

按趋向和思路来开展的思维通称为方向性思维，包括发散思维、集中思维、正向思维、逆向思维和侧向思维等。

视频讲解

（一）发散思维

发散思维也叫扩散思维或多路思维。发散思维是创造性思维中最基本、最普通的方式和方法，它广泛存在于人们的创造活动中。概括地说，发散思维是指从一点出发，向各个不同的方向辐射，产生大量不同设想的思维。例如，有人用强制式思维扩散搞创新、设计开发出新颖实用的新式系列鞋，具体见下表。

新颖实用新式系列鞋功能表

新开发鞋的种类	产品详细描述
可以吃的鞋	不是用嘴吃，而是用脚吸收。即在鞋内加些药物，通过脚吸收，可治疗脚汗、脚臭、脚鸡眼，甚至可治疗高血压、关节炎、胃溃疡等疾病。沿着这个思路，开发出多种防病鞋、治病鞋等
会说话的鞋	这种鞋对于儿童来说，既好玩又实用，即设计出一种穿鞋时能放音乐或唱出生活常识的儿歌，使儿童不靠父母，自己穿鞋，有序摆放，提高生活自理能力
可以扫地的鞋	人走到哪里就把哪里的灰尘吸走。在朋友聚会及办公室里，穿上这种鞋，不但不扬尘，反而越来越干净
可以指示方向的鞋	在鞋上装上指南针，调到所选择的方向，当方向偏离时，鞋就会自动发出警报。这对野外考察探险的人来说，很有用处
只穿一次的鞋	设计一次性鞋，价格便宜，可经常更换鞋的式样和颜色，这对宾馆和家庭来说，需要量很大，而且卫生

（二）集中思维

1. 集中思维的含义

集中思维也叫收敛思维（或收缩思维、求同思维）。这是一种异中求同的思维方式。具体来说，集中思维是指紧随发散思维，在大量创造性设想中，通过分析、综合、比较、判断，选择最有价值的设想。换言之，就是从数量中找质量的阶段。它好比我们在一个四通八达的交叉路口，要设法找出一条通向目的地的最佳路线一样。它还如同平时开会，在大家发言的基础上，总要把议题好的意见集中一下，使我们的思维直接对准思维目标。

2. 集中思维的特点

（1）唯一性。从集中思维的结果来说，它是唯一的，不允许含糊其辞、模棱两可。

（2）逻辑性。吉尔福特认为，集中思维属于逻辑思维推理的领域，它不仅进行定性分析，还要进行定量分析，要仔细分析各种方案、办法和设想的可行性，所以，它具有逻辑性特征。

3. 发散思维与集中思维的区别和联系

发散思维与集中思维虽然有显著的区别，但是，从一个相对完整的思维过程的角度来说，发散思维与集中思维又是创造过程中相辅相成的统一体，缺一不可。在解决创造性的问题中，可通过发散思维推测出许多假设和新的设想；也可通过集中思维，从中找出一个正确的答案。可见，在创造性问题的解决中，光有发散思维或光有集中思维都是不够的，需要两者的有机结合。因为解决问题的基础是提出假设，所以说，创造性是更多地表现于发散性上；但是检验假设和得出结论，解决问题则是靠集中性。

又可以说创造性是终于集中，起于发散，相辅相成，这是创造力对于人们的思维品质的要求。

【小试牛刀】

先用发散思维尽可能多地在下面写出尽可能多的“解决缺水问题”的方法，然后用几种思维方式聚焦分析，选出最为可行的三种解决方法。（发散用时5分钟，集中用时10分钟）。

解决缺水问题

二、正向思维与逆向思维

（一）正向思维

正向思维是指按照常规思路或者遵照时间发展的自然过程，或者以事物的常见特征与一般趋势为依据而进行的思维方式。正向思维一般是从分析原因入手，经过逻辑推理，由发散到集中而得出结论。

例如，根据居民的货币收入与商品的销售量、家具的销售量与新建的住宅和新婚的户数、婴儿服装销售与当年婴儿的出生数的相关性，对其进行大量的统计数据分析，找出其变量之间的关系，推出其将来的发展状况运用的就是正向思维；再如，根据国际经济格局过去分布情况、现在分布情况和将来的趋势，找出国际经济格局的变动走向问题做出正确分析也是运用的正向思维。另外，我国古代的“月晕而风、础润而雨”“朝霞不出门，晚霞行千里”“鱼鳞天，不雨也风颠”之类预报天气的谚语也都体现了正向思维。

【小试牛刀】

从正向思维的角度，写下你的回答。

（1）“我不想考咨询师了，我跟几个老师做咨询，他们收了我的费用，也没解决我的问题，就是为了钱。”

你的正向思维是：

（2）“领导就是看到别人不好，从不说自己不好。”

你的正向思维是：

（3）领导说：“员工只考虑自己的利益，不考虑集体的利益。”

你的正向思维是：

（二）逆向思维

【案例学习】

皮鞋推销员

一家英国鞋厂和一家美国鞋厂各派一名推销员到太平洋一个岛屿去开辟市场。两名推销员上岛后，他们各自给自己的工厂发回一封电报。一封是：“这座岛上的人不穿鞋子，明天我就搭头班飞机回去”。另一封是：“棒极了，这个岛上的人都没穿上鞋子，潜力很大，我将常驻此岛。”可见，对于同一个事实，两个人预见了相反的发展未来，第二个人的思维方向与第一个人的思维恰好相反。第一个人认为，岛上的人没穿鞋，鞋子在这里不会有销路，这似乎是不容怀疑的“定论”；第二个人进行的就是逆向思维，他从反面提出问题、思考问题、解决问题，并敢于用新的实践推翻“定论”；今天没有穿鞋，明天为什么不可以穿上鞋子呢？

（资料来源：杨成双．创造学基础 [M]. 成都：电子科技大学出版社，2014.）

1. 逆向思维的含义

逆向思维也称为逆反思维或反向思维。它是相对正向思维而言的一种思维方式。正向思维是人们习以为常，合情合理的思维方式，而逆向思维则与正向思维背道而驰，朝着它的相反方向去想，常常有逆常理。

在新产品开发中，这样的例子数不胜数。例如，当大屏幕电视技术问世不久，日本东芝公司随即研制成功一种屏幕比火柴盒略大的“火柴盒式电视机”，为外出人员随身携带及时掌握各种信息提供了方便。无独有偶，在收录机向多功能发展的同时，原联邦德国一家工厂研制出了一种金笔式录音机。

2. 逆向思维的分类及其应用

逆向思维可分为六类，即结构逆向、功能逆向、状态逆向、原理逆向、序位逆向、方法逆向等。逆向思维的具体分类与应用见下表。

逆向思维分类表

逆向思维的分类	分类描述	应用举例
结构逆向	结构逆向就是从已有事物的结构形式出发所进行的逆向思维，以通过结构位置的颠倒、置换等技巧，使该事物产生新的性能	在国外，电冰箱的冷冻室在上，冷藏室在下，而这一家用电器投放到我国的市场却将这一结构上下颠倒，这更符合中国人打开冷藏室的门次数较多的习惯，方便了居民的使用
功能逆向	功能逆向是指从原有事物功能上去进行逆向思维，以寻求解决问题，获得新的创造发明的思维方法	人们写字都想写得清晰，字保留得时间长，但也有人想使写出的字容易擦去。据此，河南省一家圆珠笔厂采用南京理工大学王卫东发明的可擦圆珠笔油墨配方，大量生产可擦圆珠笔，投放市场后一炮打响，现在已经大量出口
状态逆向	状态逆向是指人们根据事物某一状态的反面来认识事物，从中找到解决问题的办法或方案的思维方法	过去木匠用锯和刨来加工木料都是木料不动而工具动，实际上是人在动，因此人的体力消耗大，质量还得不到保证。为了改变这种状况，人们将工作状态反过来，让工具不动而木料动，设计发明了电锯和电刨，从而大大提高了效率和工艺水平，减轻了劳动量
原理逆向	原理逆向是指从相反的方面或相反的途径对原理及其运用进行思考的思维方法	1819 年，丹麦物理学家奥斯特发现了通电导体可使磁针转动的磁效应。1820 年，法国安培发现通电螺线管具有与磁石相同的作用。英国物理学家法拉第想：既然由电可以产生磁效应，反过来能否由磁产生电效应呢？按照这一思路，法拉第开始了新的课题研究，经过 9 年的艰苦探索，终于在 1831 年发现了电磁感应现象，即在磁场中做切割磁力线运动可以获得感生电流，为发电机制造奠定了理论基础
序位逆向	序位是指顺序和方位。顺序又指时序或程序，方位又指方向和位置。序位逆向是指对事物的顺序和方位逆向变动，以产生新的较佳的思维。（从时间顺序上进行逆向思维；从程序上进行逆向思维；从方向上进行逆向思维；从方位上进行逆向思维）	如近年来，一些农村专业户非常重视“时间差”的利用。“种菜种瓜要抢先，迟了不值钱”这条谚语提醒人们，种菜种瓜一定要讲究一个“早”字，因为早能争得经营优势卖出高价。但一些富有创新意识的农民反弹琵琶，一反常规，偏在“迟”字上大做文章，以迟取胜。结果越夏西红柿、秋西瓜、冬天结果的桂圆等纷纷问世。物以稀为贵，这些反季瓜果都能给农民带来良好的经济效益
方法逆向	方法逆向是指在解决问题时，采用与惯用方法截然相反的方法的思维	在激烈的美国航空市场竞争中，西南航空公司运用成本控管策略成为全美效益最高的航空公司。西南航空选择较不拥挤及便宜的机场及较短的直航路线的谋略来争夺市场资源，由于机型统一（全部采用波音 737），机上不供应餐点、不对号入座，而且都是短途飞行，使西南航空成为全球第一家不用机票的航空公司。顾客只要用电话取得确认号码，即可凭号码登机，提领行李，并于出口领取收据。此种不按常理地改变游戏规则，可以让西南航空一年省下 2500 万美元

【小试牛刀】

（1）从“逆向反转”（原理、功能、因果、结构等）的角度思考已知事物的相反事物，将结果填在下表内。

已知事物	相反事物
 电吹风	 吸尘器
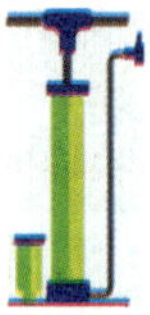 打气筒	
 风车	
 话筒	
 火灾时周围温度升高	
 发电机	

（2）想想办法

有一场奇特的骑马比赛，不是比快，而是比慢，谁的马慢，谁就是胜利者。于是，参赛的两匹马慢得几乎停止不前，眼看天要黑了，比赛仍没有结果，大家都很着急。这时，有人想出了一个很有效的方法，比赛就能很快结束。你能猜到是什么方法吗？

三、垂直思维与水平思维

（一）垂直思维

垂直思维是按照事物产生、发展的既定方向，借助现有的知识经验，从问题的正面进行向上或向下垂直思考。这是一种符合事物发展方向和人类习惯的思维方式，遵循由低到高、由浅到深、由始到终等线索，因而思维脉络清晰明了，合乎逻辑。其特征是从前因后果、逻辑顺序、历史现状等角度思考，强调的是缜密、精确、严谨、有序，思考的路线一般是线性的，即沿着线性思路，一步步地解析、演绎、推理、求证。

（二）水平思维

水平思维是通过改变原有的定式、传统观念，通过分析比较，从多个方向找出新的思维原点，用全新的思维去思考。这种思维方式不一定是有顺序的，同时也是不能预测的。水平思维改变了解决问题的一般思维，试图从别的方面、方向入手，从而使思维的高度大大增加，有可能从其他领域中得到解决问题的启示。因此，水平思维在广告创意活动中起着巨大的作用。

【案例学习】

水平思维法示例

古代有个商人破产，欠了高利贷主很多钱。高利贷主看中了商人美丽的女儿，明知他还不了钱，却硬要他马上还，否则就要拉他去坐牢，或以女儿抵债。高利贷主还想出一个花招：说自己口袋里放进了一黑一白的两颗石子，让女孩去碰运气，如果从袋里摸出黑石子，便要卖身抵债，摸出白石子便可免债务。随后他偷偷地从地上捡了两颗黑石子放在口袋里。这时女孩看得清清楚楚，她想：如果当

场揭穿他的阴谋或拒绝取石子，高利贷主必然会恼羞成怒，拉他父亲去坐牢；如果顺从地取出黑石子，便毁了自己。这些都是常人解决问题的方法，也就是用垂直思考法来处理问题。

但女孩应用水平思考法，另出新招：她毅然从高利贷主口袋中取出一颗石子，故意失手将它跌落在布满黑白两色石子的地上。然后说："真对不起，石子掉在地上找不着了，不如看看你口袋里剩下的是什么颜色，如果是黑色的，就证明我取出的是白色的了。"高利贷主口袋里的石子当然是黑色，他只好"哑巴吃黄连"。由此，女孩救了自己，父亲也免了债务。

【小试牛刀】

1. 你会选择哪个出口？

假设你被困在了一个奇幻的房间里，房间仅有两个出口。与第一个出口连通的是一个由巨大的放大镜制成的房间，聚焦的太阳光会把你炙烤至死；与第二个出口连通的房间里有一条喷火龙。

2. 看看下面几个关于"公司大楼电梯不足的问题"的解决思路，请说一说哪些属于垂直思维？哪些属于水平思维。

解决公司大楼电梯不足问题的思路。

（1）提高电梯上下速度。

（2）固定电梯停靠的楼层，低层不停。

（3）各部门上下班时间错开。

（4）在电梯门口装一面镜子。

（5）在电梯门口装一台液晶电视播放新闻。

四、形象思维与抽象思维

（一）形象思维

形象思维又称直觉思维，是借助于具体形象的生动性、实感性进行创造性思维的活动。其特点是具有形象性、完整性和跳跃性。形象思维的基本单位是表象，它是用表象来进行分析、综合、抽象、概括的过程。当人利用他已有的表象解决问题时，或借助于表象进行联想、想象，通过抽象概括构成一幅新形象时，这种思维过程就是形象思维。所以，利用表象进行思维活动、解决问题的方法，就是形象思维法。文学作品中典型形象的创造、画家绘画、建筑师设计规划建筑蓝图等都是形象思维的结果。

视频讲解

形象思维是通过实践由感性阶段发展到理性阶段，最后完成对客观世界的理性认识的一种思维。它在整个思维过程中都不脱离具体的形象，通过想象、联想等方式进行思维。比如“协和”飞机的外形设计（见下图），我们很容易就能看出这是对鹰的仿生。但其设计构思，既不是鹰外表的简单复制，也不是对以往所有飞机外形的照搬，而是设计师根据“协和”飞机的各种功能要求，在鹰的表象基础上，有意识地进行选择、组合、加工。尤其是飞机的头部，为了改善不同航速、起落时的航行性能，头部可以转动调节，很有新意。

“协和”飞机（形象思维）

（二）抽象思维

抽象思维又称逻辑思维，是借助概念、判断、推理等抽象形式来反映现象的一种概括性、论证性的思维活动。其主要特点是通过分析、综合、抽象、概括等基本方法协调运用，从而揭露事物的本质和规律性联系。从具体到抽象，从感性到理性认识必须运用抽象思维方法。抽象思维是与形象思维相对应的，比方说离这里1000米的地方有一家书店，运用的就是抽象思维方法。如果说，前方那棵槐树后面有一家书店，运用的就是形象思维方法。

法国心理学家泰奥迪勒·里博认为，发明家最主要的源头是想象。

五、联想思维与想象思维

（一）联想思维

1. 联想思维的内涵

作为形象思维的一种基本形式和方法，联想思维就是指人们在头脑中将一种事物的形象与另一种事物的形象联想起来，探索它们之间的共同的或类似的规律，从而解决问题的思维方法。

瑞士人美斯托拉，有一次，上山打猎回到家里，发现自己的裤子上粘了许多草籽，他灵机一动，能不能人工造出一边是钩形刺另一边是纺织环的东西呢？不久，这种被称为“魔术带”的新鲜玩意儿很快被人们接受，慢慢地演变成今天人们常用的尼龙子母扣。正是美斯托拉将草籽的特性进行联想，才将尼龙子母扣发明出来。类似的，在我国春秋战国时期有一位工匠名叫鲁班。据史料记载，有一天，他拿着类似镰刀的工具去采药，结果在采药时被锯齿草割伤，他发现有锯齿更容易割破东西，因此发明了锯子。

2. 联想思维的分类

（1）相似联想。相似联想是指在头脑中根据事物之间的形状、结构、性质或作用等某一方面或某几方面的相似进行联想，以获得对事物的某种新的认识，或引发出某种新的设想。

事物之间的相同或相似之处，有的既大且多，有的小而又少。有的表现于事物的外部，有的存在于事物的内部。有的昭然若揭，有的若明若暗，有的深藏不露。一定程度的相似性，是客观事物普遍具有的一种基本属性，它为人们在思维过程中看出和发现事物之间的某些相同或相似提供了可能，这乃是人们得以进行相似联想的客观根据和基础。

四川省居民姚岩松，曾意外地发现屎壳郎能滚动一团比它自身重几十倍的泥土，却拉不动比那块轻得多的泥土。他曾开过几年拖拉机，于是联想到：能不能学一学屎壳郎滚动土块的方法，将拖拉机的犁放在耕作机身动力的前面，而把拖拉机的动力犁放在后面呢？经过实验，他设计除了犁耕工作部件前置、单履带行走的微型耕作机，以推动力代替牵引力，突破了传统的结构方式。

（2）接近联想。接近联想是根据事物之间在空间或时间上的彼此接近进行联想，进而产生某种新设想的思维方式。

世界上的事物都不是孤立存在的，它们总是在空间上或时间上保持着联系。一个人由一个事物联想到在空间上或时间上与之相近的另一个事物，常常能启发思考，打开思路、扩宽视野，在思想上建立起事物之间的联系。

苏东坡当年在杭州任地方官的时候，西湖的很多地段都已被泥沙淤积起来，成了当时所谓的“田”。苏东坡多次巡视西湖，反复考虑如何加以疏浚，再现西湖美景。有一天，他想到，如果把从湖里挖上来的淤泥堆成一条贯通南北的长堤，既便利来往的游客，又能增添西湖的景点和秀美，多好啊。苏公妙计，一举数得。

（3）对比联想。对比联想是根据事物之间存在着的互不相同或彼此相反的情况进行联想，从而引发出某种新设想的思维方式。

客观事物之间普遍都存在着相对或相反的关系，事物的内部更是普遍存在着既统一又对立的两个方面。利用客观事物之间的这种相对或相反的关系进行联想，可以帮助我们由想到一个事物便能很快地联想到与之相对或相反的另一个事物，由想到事物的一个方面便能很快地联想到与之相对或相反的另一个方面。因此，对比联想能帮助人们从相对或相反事物的观察与思索中悟出巧妙的创新构思来。

美国艾士隆公司董事长布什耐在郊区散步时，发现有几个孩子在玩一只昆虫，这只昆虫不但满身泥垢而且长得十分难看，他想市场上都是形象优美的玩具，假如生产一些丑陋的玩具投入市场会如何呢？结果这些玩具一经推出非常受欢迎，为他带来了丰厚的利润。尽管它们的售价大大高于一般玩具，销售却长期不衰。

（4）连锁联想。连锁联想是根据事物之间这样或那样的联系，一环紧扣一环地进行联想，从而引发出新的设想。

千差万别、千变万化的客观事物，正是由于组成了一串串彼此衔接、互相制约、环环相扣的链条，客观世界才得以保持它的相对平衡与和谐。人们在思考许多问题的解决办法时，常常都需要根据事物之间所存在的环环相扣的衔接关系进行连锁联想，否则就有可能粗暴地打乱、破坏自然或社会本应具有的平衡与和谐，从而造成某种损失或灾祸。

某工厂是一家小小的化肥厂，后来他们由生产化肥联想到了生产饮料，因为生产饮料可以利用生产化肥的软水处理和冷冻设备，还能利用生产化肥所剩余的蒸汽，于是他们办了饮料厂，由饮料厂他们又联想到香精生产，于是他们先后开发了玫瑰花生产基地并办起了香精厂；然后又建立了水泥厂、化工机械厂、建筑公司，这些多门类的工厂为他们带来了综合效益，使他们赢得了巨额的财富。

（5）飞跃联想。飞跃联想是指在头脑中从一个事物形象，就其某一点或某个方面，联想到与之似乎没有任何联系的另一个事物形象，使思维活动大跨度跳跃，以获得对事物的某种新的认识，或引发出某种新的设想。

美国的一个探险队首次准备在南极过冬时，遇到了一个问题：队员们打算把船上的汽油输送到基地上，但由于输油管的长度不够，当时又没有备用的管子，无法输油。队长想：能否用冰做成冰管子呢？由于南极气温极低，低至 -80℃，冰比钢还要硬，但怎样才能使冰成为管状而不致破裂呢？他们又想到了医疗上使用的绷带，他们试着把绷带缠在铁管子上，然后在上面浇水，让水结成冰后，再拔出铁管子，就做成了冰管子，这样再把冰管子一截截连接起来，需要多长就接多长，便解决了这个问题。

【小试牛刀】

通过联想，请以给定的图形为构件（大小、长短可变），构思出独特而有意义的图形（最少构思出5个），并写上一两句贴切、诙谐的解说词（5分钟）。

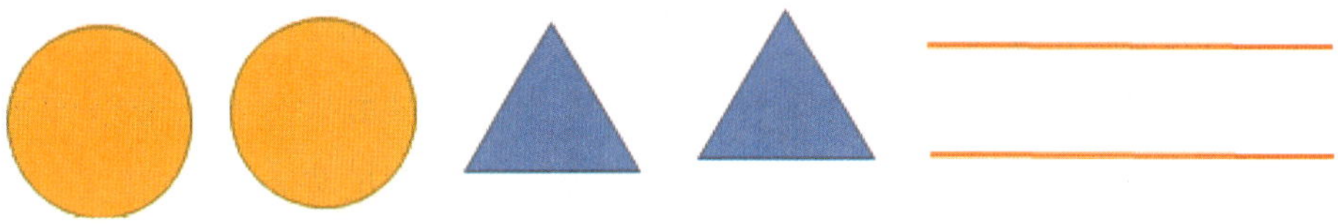

（二）想象思维

1. 想象思维的内涵

想象思维是我们经常在创新活动中应用到的思维方式，属于人类所特有的高级认知过程。这一思维过程是人发挥主观能动性，将头脑中已有的知识和形象重新组合成新事物、新形象，构思出某些新观念、新理论的过程，也是一种从现有事实出发，又超越事实的思维活动。

想象是创造者对头脑中的信息的形象性描写或艺术夸张，常伴随着生动的图像，想象力能提升创新的层次，因为它不受已有事实的局限，也不受抽象思维的束缚，所以能成为创新的源泉。可以说，有什么样的想象力，就有什么层次的创新。

根据科学推论，人类最早的想象力源于火。我们的祖先曾经过着和动物一样茹毛饮血的生活，食物都是生食。一次闪电引发森林大火烧死了很多动物，人类的祖先有的逃出火灾，有的被烧死在森林里。因为肚子太饿，人类只能食用那些被烧死的动物。煮熟的食物能让人体更好地吸收营养，另一方面，动物体内的寄生虫也因为火的作用而被杀死，减少了人类疾病的发生。人类看着跳动的火苗开始思考，如何把火种保留下来，如何用火取暖，如何开发火的多种用途……进而开始想象更多的图景，渐渐地通过想象力创造了语言、文字、工具与技术。

2. 想象思维的分类

想象思维的魔力在于它常常能够带我们走进一个全新的世界，是一个瞬时虚拟的世界。想象思维在创新中的应用，可以分为如下几类。

（1）组合想象。组合想象作为一种想象思维训练方法是指，在头脑中，对某些事物形象，或者整个，或者抽取出它们的一些组成部分，根据某种需要，将它们结合成为另一种有其自身结构、性质、功能与特征的新的事物形象。

（2）充填想象。充填想象作为一种想象思维训练方法是指，在仅仅认识了某事物的某些组成部分或某些发展环节的情况下，在头脑中通过想象，对该事物的其他组成部分或其他的发展环节加以填补充实，从而构成一个完整的事物形象，或构成一个完整的事物形象的发展过程。

（3）纯化想象。纯化想象作为一种想象思维训练方法是指，在头脑中抛开与所面临事物无关或关系不大的事物的某些因素或部分，只保留必须着重考察的某些因素或部分，以构成反映该事物某方面本质与规律的简单化、单纯化、理想化的形象。

（4）取代想象。取代想象作为一种想象思维训练方法是指，设想自己处于某个人的地位上或某件事的情境中，通过揣摩其人的思想感情或其事的具体情景，以求获得恰当解决某一问题的办法或启示。

（5）预示想象。预示想象作为一种想象思维训练方法是指，根据已有的知识、经验和形象积累，在头脑中构成既体现某种设想或愿望，又有一定的现实根据；当前虽不存在，以后却有可能产生的某种事物形象。

（6）导引想象。导引想象作为一种想象思维训练方法是指，通过在头脑中具体细致地想象和体验自己为完成某一复杂艰巨任务正进行顽强努力，以及任务完成后的成功情景与喜悦心情，从而高度调动和发挥自身潜在的智力和体力，以促进任务顺利和出色地完成。

【小试牛刀】

应用想象思维完成下列练习。

一位猎人带着一只狗上山打猎去了，你能用 3 笔画出这种情景吗？

六、直觉思维与灵感思维

（一）直觉思维

直觉思维能以少量的本质性现象为媒介，直接把握事物的本质与规律，是一种不加论证的判断力，是思想的自由创造。1910 年的一天，科学家魏格纳在观看一张世界地图时，忽然被一个奇妙的现象吸引住了。他发现大西洋西岸的巴西东部突出部分正好能嵌入非洲西海岸凹进去的几内亚海湾。这也太巧了！难道是偶然吗？他开始仔细地研究起海岸线，发现几乎每个巴西海岸的突出部分都和非洲几内亚海湾的凹进部分相吻合，其他海岸线也基本上是这样。莫非它们原来是连在一起的，后来才渐渐分离开？魏格纳大胆地设想：原来各大洲是由一整块的大陆经过断裂、分离而成的。魏格纳为了证实自己的这种想法，多方搜集资料，分析了地球物理学、地质学、古生物学、古气候学、大地测量学等相关材料，取得了海岸线的形状、地质构造、古生物等多方面的证据，并提出了“大陆漂移说”。他认为，在远古时代，大陆只是一块庞大的原始陆地，叫“泛大陆”，它的周围是一片汪洋。后来由于种种原因使泛大陆破裂成几大块，它们就像漂浮在海洋上的冰山，不断漂移，越漂越远，形成了现在的海陆状况。利用直觉思维，一位气象学家创建了地质学的新学说。

（二）灵感思维

奥地利作家茨威格曾说：“伟大的事业降临到渺小人物的身上，仅仅是短暂的瞬间。谁错过了这一瞬间，它绝不会再恩赐第二遍。”

灵感是人们借助于直觉启示而对问题得到突如其来的领悟或理解的一种思维形式。它是创造性思维最重要的形式之一。灵感的出现不管在时间上还是在空间上都具有不确定性，但灵感产生的条件却是相对确定的。它的出现有赖于知识的长期积累，有赖于智力水平的提高，有赖于良好的精神状态和和谐的外部环境，有赖于长时间紧张的思考和专心的探索。

美国人卢托是一位年轻的制瓶工人。有一天，他看见他女朋友穿了一条裙子，这条裙子的膝盖上面部分较窄，使腰部显得很有吸引力，看上去挺拔而漂亮。他觉得这条裙子很美，就一直盯着看。

突然一个念头闪进他的脑海：如果做一个这种形状的瓶子一定别具一格。于是他就开始制作起来，并在瓶子上印了和裙子一样的图案。半个月后，一种新款式的瓶子诞生了，就是我们现在所看到的可口可乐瓶子的造型。它不仅外观别致、美观，而且用手握住时不容易滑落，同时，瓶子里的液体看上去要比实际得多。1923 年，卢托以 600 万美元的价格把专利权卖给了可口可乐公司，从而一夜成名。

【案例学习】

山东肥城做活“桃树经济”

山东肥城种植了十万亩桃树，当地农民从多角度、全方位开发利用这一资源做活了“桃树经济”。

春天卖“桃花”

每到四月，十万亩桃树盛开的花朵构成花的海洋。丰富多彩的“桃花节”吸引了周边几十万人游桃园、吃桃花宴、洗桃花浴……桃花本不是鲜见之物，但置身于桃花的海洋，让人有种飘飘欲仙的感觉，令人流连忘返。

夏天卖桃

尽管有十万亩桃树，但桃子成熟后并不愁销路。由于规划合理，桃的品种有早熟的、晚熟的，有用于榨汁的、做酱的、酿酒的、鲜吃的，有耐储藏的、有适合摘下即吃的，有论个卖的“佛桃”，也有整箱外运的“肥桃”，从夏到秋没有桃子烂在树上。

秋天、冬天卖“桃木”

桃树途生，大量修剪下来的桃枝最早用来烧火做饭。随后有人发现这一资源，从最早的桃木剑、桃木梳到现在的桃木电话机外壳、桃木茶具、桃木地板、桃木衣箱……别的木头能做的，桃木都能做。他们还请到黄杨木雕之乡的工匠，加工桃木工艺品，文化与工艺的融合，提升了桃木工艺品的商品价值。昔日堆在田间地头、房前屋后的“柴火”经加工变成能够祈福辟邪的祥瑞之物，就连手指粗的小树枝也被加工成桃木珠，串成链、制成垫，连榨桃汁、做桃酱后剩余的桃核，也成了雕刻的原材料。

为扩大知名度，他们还申请了世界最大桃园的吉尼斯世界纪录。不仅春天有桃花节，夏天有“肥”桃比赛，桃木雕刻民俗也入选了省级非物质文化遗产保护名录。

就这样，一棵棵桃树从花果到枝干，在肥城人的手里幻化出无限商机。

（资料来源：陈爱玲 . 创新潜能开发实用教程 [M]. 北京：化学工业出版社，2013.）

拓展训练

发散思维训练

（1）过河: 有一条水很深、水面很宽的河，要设法到河对岸去，运用发散思维，你能想出哪些办法？

（2）雨伞问题。日常用的雨伞存在以下问题：容易刺伤人、拿伞的那只手不能再派其他用途、乘车时伞会弄湿乘客衣服、伞骨易折断、伞布透水，开伞收伞不够方便、样式单调、携带不够方便等。请用发散思维的方法改进雨伞。

（3）燃绳问题：烧一根绳子，从头烧到尾要 1 个小时，现在有若干条材质相同的绳子，如何用烧绳的方法来计时 1 个小时 15 分钟？

（4）摆硬币：用 5 枚大小相同的硬币，要求其两两相接触，该怎么摆？

（5）拼十字形：有一张长方形的纸，长是宽的两倍。请把它剪成三块，并拼成一个十字形，该如何剪？

（6）火柴组图形：请用 8 根火柴组成 2 个正方形和 4 个边长相同的三角形。

（7）查明缺席者：一个有几百名员工的工厂，在正式开会前，要求能很快地查明缺席者的姓名，有什么好办法？

（8）关于“1+1=？”这个等式，你能想出多少个可能的答案呢？

（9）阳阳的压岁钱：每到春节，阳阳就会收到长辈们给的压岁钱。这一年，过完春节，阳阳把大人们给的压岁钱都存进了银行。他的四个兄弟姐妹开始猜测阳阳今年到底收了多少压岁钱。

姐姐说：“阳阳至少有 1000 元压岁钱。”

弟弟说：“我猜他的压岁钱不到 2000 元。”

哥哥说：“阳阳有 500 元压岁钱。”

妹妹说：“阳阳哥哥的存折上至少有 100 元。”

这四个人中，只有一个人猜对了，你能推断出阳阳到底收了多少压岁钱吗？

（10）非常规用途。请分别写出下列事物的非常规用途：破碎的镜子、变质的面包、损坏的航天飞机。

（11）木料：一个木匠有一些木料。星期一，这些木料的形状是立方体；星期二，这个木匠把木料弄成了圆柱体；星期三，他又把木料弄成了锥形体。虽然木料的形状变来变去，但他并没有对木料进行切割或雕琢。请问，他是怎么做到的呢？

（12）怪城：有一个怪城，城里一边住着好人，一边住着坏人。城门左右各有一个人站岗，其中一个是好人，一个是骗子，好人总说实话，骗子总说假话。有个人到了这个城门后，忘记了哪边是好人，如果问错了路，就会走到坏人住的地方，吃亏上当。请问他应该怎么问守门的人呢？

模块五

创意方案探索

Part 05

项目一

如何创意地做出解决方案？

案例导入

坐飞机扫雪

有一年，美国北方格外寒冷，大雪纷飞，电线上积满冰雪，大跨度的电线常被积雪压断，严重影响供电。许多人试图解决这一问题，但都未能如愿以偿。后来，供电公司经理应用奥斯本的头脑风暴法，尝试解决这一难题。他召开了一次能让头脑“卷起风暴”的座谈会，参加会议的是不同专业的技术人员。大家七嘴八舌地讨论开来。有人提出设计一种专用的电线清雪机；有人想到用电热来化解冰雪；也有人建议用振荡技术来清除积雪；还有人提出能否带上几把大扫帚，乘坐直升机去扫电线上的积雪。对于这种“坐飞机扫雪”的设想，大家心里尽管觉得滑稽可笑，但在会上也无人提出批评。有一位工程师在听到“坐飞机扫雪”的想法后，大脑思维突然受到碰撞，一种简单可行且高效率的清雪方法冒了出来。他想，每当大雪过后，出动直升机沿积雪严重的电线飞行，依靠高速旋转的螺旋桨即可将电线上的积雪迅速扇落。他马上提出“用直升机扇雪”的新设想，顿时又引起其他与会者的联想，有关用飞机除雪的主意一下子又多了七八条。不到一小时，与会的 10 名技术人员共提出 90 多条新设想。会后，公司组织专家对设想进行分类论证。专家们认为设计专用清雪机、采用电热或电磁振荡等方法清除电线上的积雪，在技术上虽然可行，但研制费用大、周期长，一时难以见效，而由“坐飞机扫雪”激发出来的几种设想，倒是一种大胆的新方案，如果可行，将是一种既简单又高效的好办法。经过现场实验，发现用直升机扇雪真能奏效，就这样，一个久悬未决的难题，终于在头脑风暴会议中得到了巧妙解决。

击水生涟漪，击石生火花，碰撞思想生创新。头脑风暴法是一种依靠集体的智慧来进行创新的方法。当多人一起讨论问题时，思想相互碰撞，沉睡的脑细胞被激活，冰封的潜能被挖掘，意想不到的创新会出现。“一人独思，不如二人同想；二人同想，不如三人会商”。

（资料来源：李昊．金科铭律：不可不知的 18 条管理定律 [M]. 北京：京华出版社，2004.）

问题探索：以 4~5 人为一小组，对我们的课桌或椅子进行创新和改进。想出尽可能多的方案，鼓励新奇的创意，并指出这些改进解决了日常中的哪些“痛点”。

核心知识

人们在创新活动实践中总结出的创新技法多达数百种，不同的创新技法在不同的创新领域的适用性各异，相同的技法可以解决同一问题的不同环节，相同的问题也可用不同的创新技法来解决。

一、头脑风暴法

（一）头脑风暴法的概念及基本原则

头脑风暴法（Brain–Storming）简称 BS 法，又名智力激励法、脑轰法、畅谈会法等。其发明者是美国创造学家阿历克斯·奥斯本，他也是本书提到的奥斯本检核表法的发明人。

视频讲解

“头脑风暴”的概念源于医学，原指精神病患者头脑中短时间出现的思维紊乱现象，称为脑猝变。病人发生脑猝变时会产生大量各种各样的胡乱想法。创造学中借用这个概念比喻思维高度活跃、打破常规的思维方式而产生大量创造性设想的状况。

头脑风暴法是运用群体创造原理，通过召开智力激励会的形式，充分发挥集体创造力来解决问题的一种创新思维方法。其中心思想是，激发每个人的直觉、灵感和想象力，让大家在和睦、融洽的气氛中自由思考。不论什么想法，都可以原原本本地讲出来，不必顾虑这个想法是否“荒唐可笑”。

（二）头脑风暴法的运用方法与步骤

1. 会前准备

首先，确定会议主持人。头脑风暴的效果如何与主持人有很大的关系，所以应选好主持人。其次，确定会议主题。议题要集中、明确。与会人数要合理，一般以5~15人为宜。为了提高会议的效果，使与会人员思想上有所准备，提前酝酿解决问题的设想，应该给与会人员提前下达书面通知，写明会议内容及背景、开会时间和地点等。

2. 热身活动

准备工作安排就绪后，为了激发创造性思考的气氛，使与会者把精力集中到会议上来，可安排一些热身活动。热身活动的形式可多样化，可以通过看有关创造的录像，回答脑筋急转弯问题，讲一个创造技法灵活运用的小故事等形式，使大家的思维活跃起来。

3. 明确问题

主持人首先向与会者说明会议必须遵守的四项基本原则，然后简明扼要、带有启发性地向大家介绍有关问题的最低数量信息，使与会者对所要解决的问题有明确的全面了解。主持人以启发为原则，诱导与会者提出自己的创意，并在会议出现停滞时及时引导。

4. 自由畅谈

在遵守会议规定的四项原则的前提下，所有人员都要始终针对议题，精心思考，大胆设想，自由发言，营造一种高度激励的气氛，使与会者突破思维障碍和心理约束，达到知识互补、信息刺激、情绪鼓励的目的。会议时间不宜过长或太短，一般掌握在20分钟到1个小时之间。

5. 加工整理

这是对所得各种创意或设想的优选阶段。通过对提出的所有设想进行分析、研究、评价和选择，筛选出可行设想，经过进一步完善后，将其作为解决问题的方法、答案、措施或方案。

（三）头脑风暴法的优点及局限性

头脑风暴法的优点及局限性如下表所示。

头脑风暴法的优点及局限性

优　　点	局限性
消除了妨碍自由想象的清规戒律，使小组成员人人平等，在轻松愉悦的氛围中自由联想，有助于新创意的出现	小组成员之间若有矛盾或冲突，就会形成不愉快的气氛，从而抑制了思维的自由性，抑制了新创意的产生
集体讨论能够满足人们进行社会交往的需要，能大大提高工作效率。在相同的时间内，集体活动比个体活动容易产生更多的创意，因而也就更有可能产生高质量的解决问题的方案	有时因为头脑风暴会议的失控，使头脑风暴会议违背了“暂缓评价”的规则，出现消极的评价，甚至相互批评或谴责。这些必将使人们的创意热情受到“激冷”，从而导致创意数量的减少，降低创意质量
在集体中更容易创造出适合创造性思维的环境，成员间相互启发，能产生更多的高质量的创意	头脑风暴法实施的成本（时间、费用等）很高。头脑风暴进行时如果没有很好地控制场面，时间成本将会很高，有时未必会完成预想的目标。
充分体现集体的智慧。在头脑风暴环境下，有利于将他人的创意加以综合与发展，从而形成更有价值的问题解决方案	

二、奥斯本检核表法

（一）奥斯本检核表法概述

奥斯本检核表法是头脑风暴法的创始人奥斯本提出的一种设问型创新方法。20世纪40年代，奥斯本在《发挥创造力》一书中介绍了许多创意技巧。后来，美国麻省理工学院创造工程研究所从这本书中选择了9个项目，编制出《新创意检核用表》，以此作为提示人们进行创造性设想的工具。

视频讲解

奥斯本检核表法主要是运用提问的方式对产品的研制与优化进行创新，主要围绕有无其他用途、能否借用、能否改变、能否扩大、能否缩小、能否代用、能否重新调整、能否颠倒、能否组合9个方面、75个问题展开。

（二）奥斯本检核表法的具体内容

1. 奥斯本检核表的式样

奥斯本检核表的式样如下表所示。

奥斯本检核表的9个方面、75个问题

能否他用	·有无其他用途？ ·保持原状能否扩大用途？ ·稍加改变，有无别的用途？
能否借用	·过去有无类似的东西？ ·以前有无相似的想法？ ·类比它能否产生新思路？ ·有什么东西可供模仿？ ·能不能超过它？
能否扩大	·能否增加一些东西？ ·能否附加一些东西？ ·能否延长使用寿命？ ·能否增加尺寸？ ·能否提高强度？ ·能否提高性能？ ·能否增加新成分？ ·能否加倍？ ·能否增加几倍？ ·能否放大？ ·能否扩大？
能否缩小	·能否减去些什么？ ·能否密集一些？ ·能否压缩？ ·能否浓缩？ ·能否微型化？ ·能否聚合？ ·能否变低、变矮？ ·能否变薄、变窄？ ·能否省略、去掉？ ·能否分割？ ·能否减轻？ ·能否变成流线型？
能否改变	·能否改变功能？ ·能否改变形状？ ·能否改变颜色？ ·能否改变味道？ ·能否改变运动形式？ ·能否改变声响？ ·能否改变外形？ ·能否改变外观？ ·是否还有其他改变可能？
能否代用	·能否代替？ ·用什么代替？ ·还有别的排列吗？ ·还有别的成分吗？ ·还有别的材料吗？ ·还有别的过程吗？ ·还有别的能源吗？ ·还有别的颜色吗？ ·还有别的声响吗？ ·还有别的照明吗？
能否调整	·能否变换？ ·有无可换成分、元件、部件？ ·能否变换模式、型号？ ·能否变换顺序、对换位置？ ·能否变换工序？ ·能否变换因果关系？ ·能否变换速度或频率？ ·能否变换工作规范？
能否颠倒	·能否颠倒里外？ ·能否颠倒正负？ ·能否颠倒正反？ ·能否颠倒首尾？ ·能否颠倒上下？ ·能否颠倒位置？ ·能否颠倒作用？
能否组合	·能否重新组合？ ·能否尝试混合？ ·能否尝试合成？ ·能否尝试配合？ ·能否尝试协调？ ·能否尝试配套？ ·能否把物体组合？ ·能否把目的组合？ ·能否把特性组合？ ·能否把观念组合？

作为本节的小结，我们看一个奥斯本检核表综合使用的例子，围绕保温瓶运用奥斯本检核表法展开系列设问创新。

新型保温瓶的检核表法运用

检核项目	新设想名称	新设想说明
能否他用	理疗保温瓶	利用保温瓶的热气进行理疗，如预防感冒等
能否借用	自加热保温瓶	借用化学反应原理制成自加热保温瓶
能否扩大	保温桶	扩大保温瓶的瓶口及容积，发展为保温桶
能否缩小	保温杯	缩小体积，开发咖啡保温杯、中药保温杯等
能否改变	异形保温瓶	设计异形保温瓶，满足求异心理需要
能否代用	不锈钢胆保温瓶	用不锈钢瓶胆代替玻璃瓶胆还可使瓶身瓶胆一体化
能否调整	调温瓶	能调整温度并使之保持的容器具
能否颠倒	散温瓶	使所盛物品能迅速恢复到室温
能否组合	智能净水保温瓶	将保温瓶、水处理系统及电脑控制组合

2. 奥斯本检核表法的原理

（1）打破惯性思维定式。奥斯本检核表法 9 个方面的共同点是怀疑、批判、打破现有状态，使用的形式是提问。而惯性思维就是“没有问题”，即便遇到了问题也设法找个理由帮它解释，让问题的存在合理化、必然化。而奥斯本检核表就是一个问题表，它帮助人们通过提问的形式，引导人们变得尖锐一些、敏感一些，从麻痹和迟钝中走向创新。

奥斯本检核表列出的 9 个方面是提示人们进行发散性思维的渠道，但这种发散不同于我们在前几章里所谈的漫无目标，而是有了可操作性的发散。

（2）体现逻辑思维形式。奥斯本检核表的 75 个问题是逻辑的、系统的、有条理的，有归纳性，又有演绎性。例如能否扩大、能否缩小、能否改变，具有归纳意义；能否他用、能否借用、能否组合，具有演绎意义。通过奥斯本检核表所列问题，逐条地思考拟解决的问题，有意识地激发逻辑思维灵感，有利于较深入地发掘问题、较高水平地解决问题。

（三）使用奥斯本检核表法注意事项

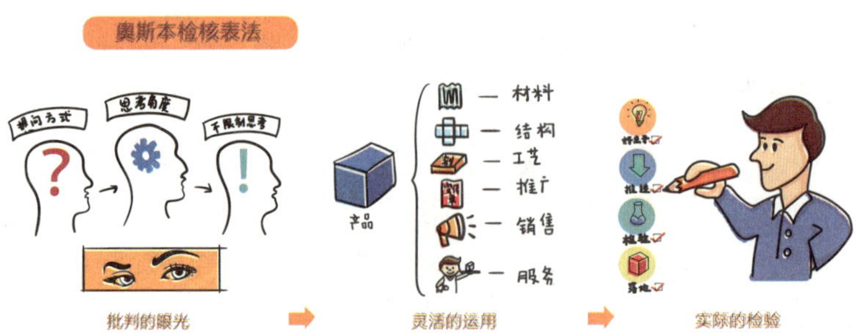

【小试牛刀】

请同学利用上面所学奥斯本检核表法 9 个方面、75 个问题，运用提问方式对日常生活和学习中常见的旅行箱、饭盒、圆珠笔、手机、电脑等产品进行创新。要求每位同学产生不少于六个新创意。

三、列举类技法

列举类技法可以通过“头脑风暴法”进行群体思维的发散，或个体的思维发散，从而产生创造性设想，经过集思广益，最终形成创造方案。

视频讲解

（一）缺点列举技法

缺点列举法是通过对事物或对象的缺陷进行一一列举，从而找出改革或创意方案，使之更臻完美的创意技法。类似的技法如鲁克成、罗庆生的《创造学教程》中提到的“缺点利用法”，彭杰所著的《创造工程》中提到的“变害为宝法”。

任何事物都不可能十全十美，总会有些不尽如人意的地方。这是不以人的意志为转移的客观存在的现实。而人们往往有追求真善美的理想，这就是提出此类技法的动力。

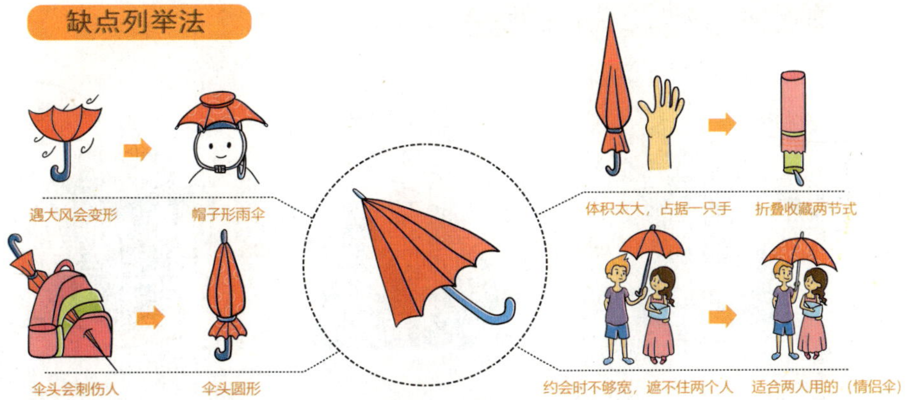

传统雨伞的缺陷及改良

1. 应用缺点改进产品的原则

在不损坏原有事物的特质基础上进行改造。缺点列举法是在事物本来面貌基础上，找出问题和毛病加以改进，使其更完善，更完美。要对缺点进行正确分析，必须抓住主要缺点，给出改进方案。列举缺点不是目的，找出问题后，要结合“希望点列举”“缺点利用”等技法综合考虑，反复思考。根据现有技术等条件进行优选，提出最佳方案。

2. 操作方法

该法既可个人用也可集体用。后者可开个缺点列举会，由 5~10 参加，事先选好改革议题，会上纷纷列举对象的各种缺点，愈多愈好，要“吹毛求疵”，一一记在卡片上，然后从中制定出可行的臻美改革方案。

（二）希望点列举法

该法就是对创意对象提出一系列希望，愈多愈好，愈新奇愈好，经过归纳，找出最优希望点进行创意设计的技法。

例如，对服装可提出各种“希望点”：诸如没有纽扣，冬暖夏凉，免洗免烫，可变花色，两面可穿，可变式样，重量特轻，肥瘦皆宜等。

（三）特性列举法（AL 法）

这是美国克劳福德创立的。其主要手段是列举创意对象的特征进行联想，提出解决方案，一般分如下两步进行。

第一步，选择目标较明确的创意课题，宜小不宜大（课题大，宜分若干小课题）；再列举创意对象的特征：名词特性、形容词特性和动词特性。

第二步，从各个特性出发，提问或自问，启发广泛联想，形成“头脑风暴”，产生各种设想，再经评价分析，优选出经济效益高、美观实用的方案来。

特性列举法之鸣笛水壶

【小试牛刀】

请利用列举类技法的三种列举方法，依据下表的内容，选择熟悉的有形产品或无形的行动方案或服务提出创新创意。

列举类技法运用表

	列举法分类	列举点	改进型新产品
列举类技法［选择需要创新的产品，如校园卡、蚊帐、考试的方式（闭卷）等］	缺点列举	1.	
		2.	
		3.	
	希望点列举	1.	
		2.	
		3.	
	特性列举法	1.	
		2.	
		3.	

四、组合类技法

所谓组合法是指按照一定的技术原理或功能、目的，将现有的科学技术原理或方法、现象、物品做适当的组合或重新安排，从而获得具有统一整体功能的新技术、新产品、新形象的创造技法。

视频讲解

因为组合技法是在整体目标下利用现有技术成果，因而往往并不十分需要建立高深的理论基础和开发非常专门的技术，所以创新者可以在并不很好的知识水准上从事技术水准较高的创新。如1979年诺贝尔医学奖得主霍斯·菲尔德，只是一个没读过大学的普通技术人员，但其将已有的X射线照相装置与电脑结合在一起，发明了电脑断层扫描仪，并在诊断脑内疾病和体内癌变方面具有特殊贡献。

将日常生活中用到的铅笔和橡皮擦组合起来就成为有橡皮擦头的铅笔。所以组合法在生活中随时可用，目前发明创造成果有百分之七十以上都来自此法。而每天吃的鲜味美食，也是利用组合法将各种盐、糖、醋、酱油等原料组合而成。

（一）同类物品组合技法

将两种或两种以上的同一类事物或近似事物组合在一起而成为一件新产品。在组合过程中，参与组合的对象和组合前相比，其基本原理和基本结构通常并无根本性的变化。

同类组合的创造活动，在保持事物原有的功能或意义下，通过量的增加以弥补其功能不足之处，或求取新的功能。

同类组合的创意来自于观察与思索在我们周围的：①某单独事物成双后，功能是否能更好？②原来单独的事物成双后，是否能产生新的意义？③两个或以上相同的事物组合在一起，是否有新功能、新意义？这些观察是随时都可以进行的，如下图所示。

多层挂衣架

双头订书机

（二）异类物品组合技法

将两种或两种以上不同领域的技术思想与物质产品有机合并在一起而成为一件新产品。

音乐蜡烛

多头充电线

异类组合具有以下三个特点。

（1）被组合的对象来自不同的方面，无主次之分。

（2）组合对象从意义、原则、构造、成分及功能等任何一方面或多方面相互进行渗透。

（3）为异类求同，又可分为物与物的组合和物与事的组合。

（三）主体附加法

主体附加法是在原有的技术思想中补充新的内容，在原有产品上增加新的功能，以弥补原有产品的功能不足，进一步完善主体功能的一种创造技法。

具体实施步骤如下。

第一，有目的地选定一个主体。

第二，运用缺点列举法，全面分析主体的缺点。

第三，运用希望点列举法，对主体提出这种希望。

第四，考虑能否在不变或略变主体的前提下，通过增加附属物以克服或弥补主体的缺陷。

第五，考虑能否利用或借助主体的某种功能，附加一种别的东西使其发挥作用。

如：能旋转360度的电风扇，它是吹风与旋转功能部件组合在一起的新式电风扇；在自行车上可以加装里程表、后视镜、风扇、防雨罩、折叠货架、车灯、车铃；洗衣机附加甩干功能、杀菌消毒功能；衬衫上可印上名人的诗句等。

在采用主体附加法时，应注意：一种附加物可加到几个主体上；一个主体可加几种附加物；可实行多重附加，即在附加物上再加一附加物。

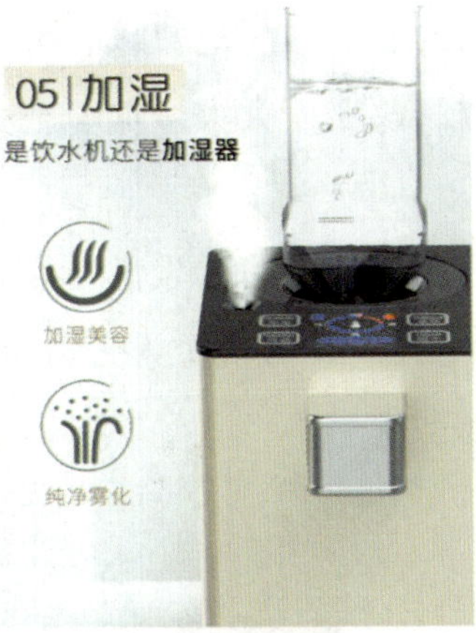

可加湿饮水机

多功能厨房用剪刀

【小试牛刀】

请利用组合类技法的三种具体方法，依据下表的内容，对你周边的事物提出创新创意。

组合类技法运用表

<table>
<tr><td rowspan="10">功能单一物体</td><td>组合类技法分类</td><td>组合点</td><td>改进型新产品</td></tr>
<tr><td rowspan="3">同类物品组合</td><td>1.</td><td></td></tr>
<tr><td>2.</td><td></td></tr>
<tr><td>3.</td><td></td></tr>
<tr><td rowspan="3">异类物品组合</td><td>1.</td><td></td></tr>
<tr><td>2.</td><td></td></tr>
<tr><td>3.</td><td></td></tr>
<tr><td rowspan="3">主体附加法</td><td>1.</td><td></td></tr>
<tr><td>2.</td><td></td></tr>
<tr><td>3.</td><td></td></tr>
</table>

五、思维导图技法

（一）思维导图概述

英国学者托尼·布赞（Tony Buzan）在 20 世纪 70 年代初期创立了思维导图学说。该学说源自脑神经生理的学习互动模式，研究的是人人生而具有的发散性思考能力和多感官学习特性。托尼发现如果人类大脑的每一个脑细胞被和谐而巧妙地结合运用，将比彼此分开的工作效率更高。这个看似微小的发现，却产生了令人意想不到的成就。托尼曾试着将大脑皮层中关于文字与颜色的技巧合用，发现因为做笔记的方法改变而大大增加了至少百分之百的记忆力。

视频讲解

思维导图（Mind Map）以发散性思维为基础，运用在创意的发散与收敛、问题的解决与分析等方面，往往会产生令人惊喜的效果。它是一种展现个人智力潜能的方法，可以提升思考技巧，大幅增进记忆力、组织力与创造力。

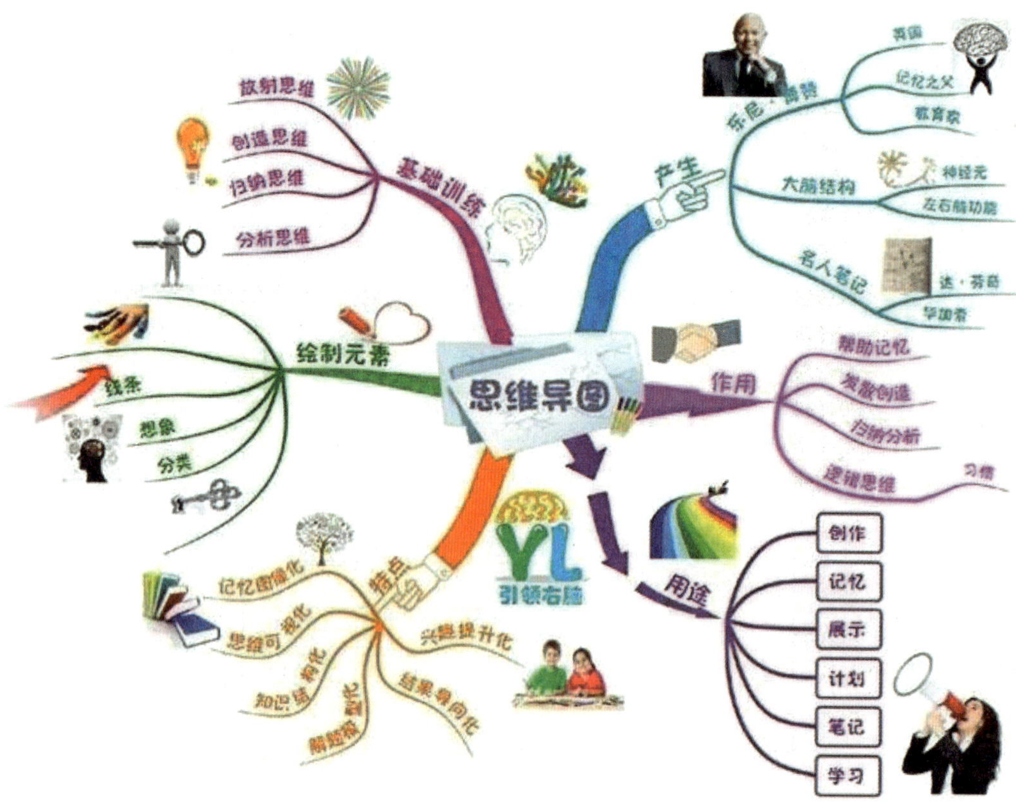

思维导图

（二）思维导图的用途

随着人们对思维导图的认识和掌握，思维导图可以应用于生活和工作的各个方面，包括学习、写作、沟通、演讲、管理、会议等，运用思维导图带来的学习能力和清晰的思维方式会改善人的以下行为表现。

（1）成倍提高你的学习速度和效率，更快地学习新知识与复习整合旧知识。

（2）激发你的联想与创意，将各种零散的智慧、资源等融会贯通成为一个系统。

（3）让你形成系统的学习和思维的习惯，并使你将能够达到众多你想达到的目标，包括快速记笔记，顺利通过考试，轻松地表达沟通，演讲、写作、管理等。

（4）让你具有超人的学习能力，向你喜欢的优秀人物学习，并超越你的偶像和对手。

（5）让你尽快掌握思维导图这个能打开大脑潜能的强有力的图解工具。它能同时让你运用大脑皮层的所有智能，包括词汇、图像、数字、逻辑、韵律、颜色和空间感知。它可以运用于生活的各个层面，帮助你更有效地学习、更清晰地思维，让你的大脑表现最佳。

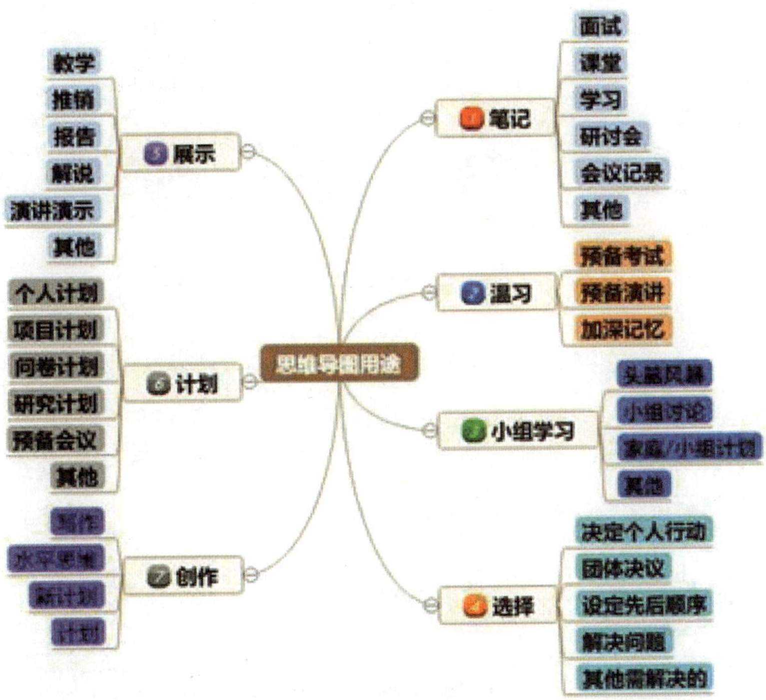

思维导图用途

（三）如何创建思维导图

创建思维导图有两种方式：手绘或借助计算机。思维导图诞生初期，人们在应用它时是不需要计算机软件来制作的，完全是手绘作品。计算机的作用在于可以更好地帮助我们进行作品的整理、保存和复制传播。但无论计算机技术如何发展，它都不能代替人的思考。而且通过用手绘思维导图作品可以促进大脑左脑和右脑地合理应用，促进大脑的潜能开发，在提高记忆力、促进知识的整理消化和吸收等诸多方面，效果显著。同时，通过不断地手绘作品可以创造出属于自己的独特风格，创造出独具特色的作品，不断地锤炼自己的制作技能、技巧和手法。

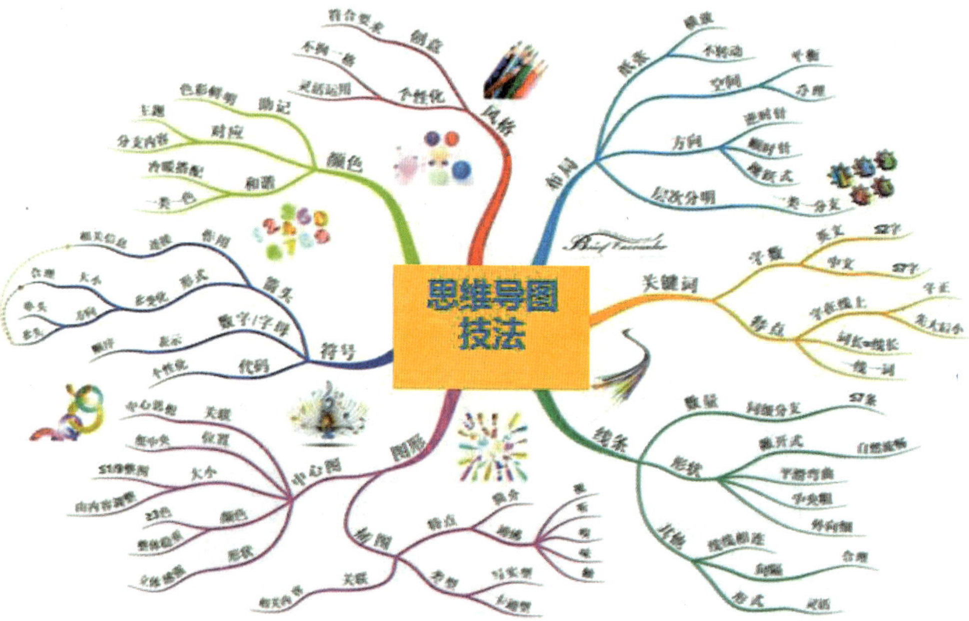

思维导图技法

【小试牛刀】

请利用思维导图方式，为自己制订一个一年期的学习生活计划或利用思维导图做一个自我介绍。

【案例学习】

为更多的人解决不同的问题

“我出生在农村，家庭条件不好，可以算得上一穷二白。”杨美曦（化名）透露，她生活在农村家庭，父母亲没有什么文化，常年靠务农以维持基本的生计。

俗话说得好，穷人家的孩子早当家。由于自己家里经济条件不好，杨美曦从小便比其他孩子更懂事、更体贴也更独立。“父母供我读完高中已经很不容易了，根本没能力供我上大学，大学期间我都是靠打工自费读书。”杨美曦说，刚进××学院时，她利用课后空闲时间，帮人发过传单，卖过酸奶，以微薄的报酬维持自己在学校的生活开销。

出于个人爱好，杨美曦大学主修的是广播电视新闻学。“对于学新闻的同学来说，一套像样的摄影器材是必需的，但当时由于经济困难，我连一套基本的摄影器材都没有。”据杨美曦介绍，她每个月靠打工积攒下来的生活费最多也只有六七百元，省吃俭用节省下500元，大一下学期她就拥有了她人生中第一台台式电脑。但由于没有太多资金，只能买一台二手电脑，陈旧的电脑经常出问题，她也因此学会了简单的电脑维修。

帮助他人开启创业生涯

“最开始我只是对拍照和PS很感兴趣，有人希望我运用我的技术解决拍照的问题，于是我慢慢试着给人无偿P图。”据杨美曦介绍，日常生活中，她无偿为别人解决问题的同时，不知不觉，她的创业梦就自然而然地萌生了。

现在不少大学生都意识到就业不易，而对于杨美曦来说，她只是比别人多了一份去改变现状的勇气。“大一进校我就想到了毕业后工作的问题，我不愿为就业而烦恼，想让父母过上好的生活，所以，我毅然走上了创业的道路。”杨美曦说，“她最初的创业想法就是希望用自己的技术为别人解决困难，并没有想过要挣很多钱。”

组建团队招来国外订单

对于一边上学一边创业的杨美曦来说，熬夜到凌晨三四点是常事，有时候甚至连饭都吃不上。“拍完照后，每张图我都会反复、认真地进行后期制作，直到自己觉得满意为止。”杨美曦说，为了提高专业水平，认真上好专业课的同时，她几乎翻遍了图书馆所有关于Photoshop的书籍，并在网上查找相关的视频教程为自己充电。经过一段时间的连续积累，她对后期制作有了系统而全面的掌握。

“起初都是身边的一些同学找我拍照，做图片的后期制作，别人觉得满意，然后一个介绍一个，生意就越来越好了。”据杨美曦介绍，随着生意越来越红火，大二上学期，她开办了个人网络工作室，不断接到来自全国各地的订单。

在没日没夜的接单作图中，杨美曦认识了更多志同道合的人。大二下学期，她成立了自己的小团队。“最开始有两三个人加入，后来发展到十几个人的小团队，大家根据各自所擅长的技术，分工合作。”杨美曦说，他们有的手绘，有的合成，还有的排版、做视频剪辑，没过多久，她就与四川、北京等地的工作室有了合作，并陆续接到美国、加拿大、澳大利亚等国外订单。对未来的创业之旅，杨美曦也因此有了更加明确的目标和期待。

坚持创业建自己的公司

对于大四即将毕业的杨美曦来说，创业的路从未停止。“即将毕业了，这也意味着我有更多的时间用来创业，接下来我打算把自己的工作室进一步壮大，争取两年后打造成一家以高级私人定制、游戏外包宣传、企划宣传和影视作品制作为主的传媒公司。”杨美曦信心满满，毕业后寻找合适的合伙人成为她迫在眉睫的事情，她坚信在团队的力量下，未来的路一定会越来越宽广。

“创业的每个阶段都会遇到不同的问题，我想做的传媒只是创业的其中一部分，未来我会发展更多的行业，为更多的人解决不同的问题。”杨美曦坦言，在她看来，创业的最大意义是帮助别人解决问题，并从中收获快乐。在创业的路上，她的脚步永不停歇。

（资料来源于学习资料库网）

拓展训练

钉子游戏

活动目标：综合运用联想、想象，从多角度发散思维，克服心理惯性、思维定式。学会诱发和捕捉灵感，解决看似不可能解决的问题，并提出多种解决方案。

活动时间：30 分钟。

活动步骤：

步骤一：学生分组，6~10 人为一组，给自己的小组命名。

步骤二：选出组长。

步骤三：分配给每组 11 根钉子和 1 个硬纸小盒。要求用 1 根钉子支起 10 根钉子，小盒可以起固定 1 根钉子的作用。注意事项如下。

（1）11 根钉子不能分散放置。

（2）这是一个肯定能完成的游戏，只是需要有足够的信心和耐心，能够承受多次失败。

（3）以小组为单位操作，需要团结协作才能完成，要不断把自己的想法告诉大家，相互沟通交流。

（4）要把每种尝试用图片（手机拍照）和文字记录下来。

步骤四：学生分析任务，尝试各种思路。

步骤五：成功实现靠 1 根钉子支撑起 10 根钉子的小组，分别向全班同学展示，大家讨论交流，互相学习借鉴。

步骤六：每个人分享活动感悟。

活动提示：想要创新必须敢于尝试，尝试的过程中必然会遇到障碍与挫折。创新的最大障碍是你自己，必须对创新充满信心，有足够的耐心，坚信答案就在眼前。当然，还要克服心理惯性，勇于面对问题，善于总结经验，多动脑、勤动手。

步骤七：老师引导学生对此次活动进行反思和总结。

项目二

如何评估你的创意方案？

案例导入

这款 App 忽略了商业模式，最后失败了

曾经有位朋友在一个儿童绘画社交 App 创业项目负责市场运营。

这个 App 项目的立项算是在传统纸媒向互联网的变革中推动的。某国营出版社在互联网潮流下需要转型，负责人一拍即合，想到了利用其在文艺领域的媒体优势搭建一个儿童绘画社交平台，配合出版社出版的儿童绘画刊物，联合开发儿童绘画产业市场。据说出版社高层投了几百万元，项目由一位出版社管理层统领，招兵买马并成立了工作室，开始运作起来。

在这个 App 上，喜欢绘画的少年儿童能够用自己或者父母的手机轻松拍摄自己的绘画作品并实现一键上传；同时这个 App 有社交功能：用户们可以加好友，参加 App 举办的各种有奖征集互动活动，还能参与讨论等。

这个创业想法是美好的，但最后用户量和活跃度都不理想，项目持续了一段时间之后黯然关停。这个创业项目为何失败了呢？经过分析，主要有以下几个原因。

首先，该项目错误地估计了潜在用户和市场容量。儿童教育社交市场的付费用户不是儿童，而是这些儿童的家长。这款 App 可以使儿童上传画作和社交，却没有思考过如何抓住家长的心。此外，国内对画画感兴趣的儿童数量并不庞大或者不具有潜在增长爆发力，需要用 App 上传自己绘画的用户比例就更小了。用这款 App

进行绘画社交并不是对绘画有兴趣的儿童用户的刚需。

其次，这款 App 假设的用户使用环境是不成立的。这个项目创始人假设儿童或者家长能够利用 App 更便捷地进行绘画兴趣社交，实际上家长并不会给儿童用手机。如果我是家长，我肯定不让自己的孩子玩手机耽误学习，更别提给儿童购买智能手机了。

再次，这款 App 的用户体验并不是很好。下载这款 App 打开之后，就会发现界面略显粗糙，下面是实时更换的儿童绘画自拍图片，上面是邀请上传的按钮，在另外一个界面是各种活动。这些活动的内容也非常简单。整个 App 的设计界面不够简洁，也没有诱导用户操作的指示，而且界面的色调也不够活泼，卡通元素不多，很难吸引儿童用户。

最后，这个项目的负责人缺乏经验。据悉，项目负责人因为自己是编辑，对 App 内发布的各种帖子内容要求很高，却忽略了产品的市场推广。在运营中，市场推广战略目标不明确，导致市场营销宣传方面走了很多弯路。这位创始人激情满满地做了一些推广营销，并且尝试联系了一个全国范围内的儿童绘画比赛主办方，争取到了合作之后，却因为项目负责人的反对，导致这次合作没有办法顺利推进。这是一个用户痛点没有抓准的项目，教训显而易见：创业项目抓住的用户痛点经不起考量的时候，千万不要盲目投入大量资源上马项目。

（资料来源：汤历漫．从创意到创业 [M]．北京：中国经济出版社，2017.）

问题探索：将项目一中“拓展训练”里小组产生的创业创意进行完善，在小组内容进行一次讨论，评价这个方案的可行性。

核心知识

一、创意初步评估矩阵

不管何种身份地位和年龄，当一个人有创业冲动的时候，刚开始也只是一个想法或者思想的触动。在信息爆炸的今天，你在网络上用搜索引擎输入“创业点子”，会出现大量的信息，因此即使你不能靠自己的想象力每天提供一个商业创意或是创业点子，也会以极其简便的方式每天搜集和整理一个创意。那如何挑选这些创业点子呢？为了提高你对创业创意实用性

视频讲解

的判断力，可以尝试利用创意初步判断矩阵，如下图所示。

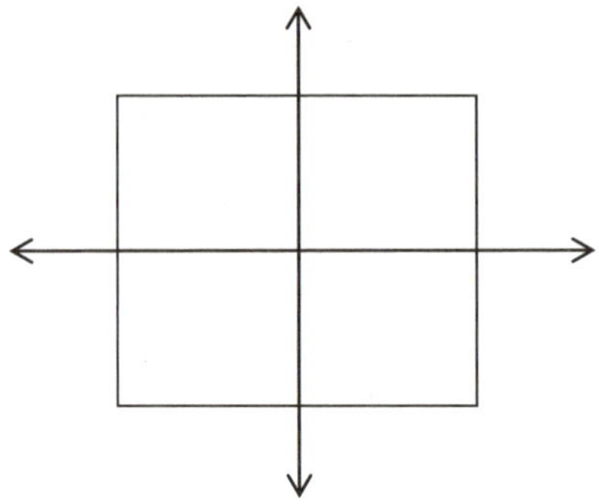

创意初步评估矩阵

建议在创意初步评估阶段，找到最核心的评估维度，是你能够顺利将创业点子转化为商业价值的第一步。

二、创意方案可行性分析

可行性分析是对一个创业型企业各个方面进行全面的、有组织的、系统的分析，旨在确定商业创意是否切实可行、新创企业是否值得经营等问题。我们认为可行性分析是创业计划中很重要的一部分，是商业创意可否成功的有效判定工具。

可行性研究应当包括可以描述创业型企业的大多数要素，创业者和风险投资者可以对这些要素的可行性做出分析。下表给出的是一个可行性分析的模板，包括导论、产品/服务的可行性分析、产业/目标市场的可行性分析、组织可行性分析、财务可行性分析以及小结和结论共六个部分。

创意全面可行性分析

导论
1. 对新创企业的简短描述
2. 行业的简史
3. 创业者的姓名
产品 / 服务的可行性分析
1. 产品 / 服务存在的合理性
2. 产品 / 服务的需求程度
产业 / 目标市场的可行性
1. 产业分析
2. 明确目标市场
3. 市场机会
组织可行性分析

续表

1. 管理能力			
2. 资源状况			
财务可行性分析			
1. 创建成本			
2. 同行业企业财务业绩			
3. 拟创业企业财务吸引力			
小结和结论			
1. 产品 / 服务可行性	不可行	不确定	可行
2. 产业 / 目标市场可行性	不可行	不确定	可行
3. 组织可行性	不可行	不确定	可行
4. 财务可行性	不可行	不确定	可行
5. 总体评价	不可行	不确定	可行
6. 各部分改进建议			

全面可行性分析是一个需要花费大量时间和精力的工作，创业者需要进行多方位的调查，诸如专家访谈、问卷调查、搜集产业调研报告、公司报表和相关文献资料的整理等。而且这些工作在创业计划中都是必要的，它们不仅可以帮助我们确定商业创意的可行性，同时也有助于创业者对商业创意进行改进和塑造。

（一）产品 / 服务可行性分析

这一部分的可行性分析主要是判断新创企业所提供的产品 / 服务的吸引程度，我们将从存在的合理性和需求的程度两个方面来进行分析。

创新型的产品 / 服务从存在的合理性分析就是要思考：该产品 / 服务有实际意义吗？能吸引消费者吗？能解决人们的什么问题吗？同时，应该将你的想法写成描述书，发给需要的人，让他们给出有效反馈意见，以完善产品 / 服务建议。

（二）产业 / 目标市场可行性分析

产业 / 目标市场可行性分析的目的在于了解新创企业选择进入的产业和拟生产的产品或服务目标市场的吸引力状况。要知道你产品或服务的竞争对手都是谁（波特“五力模型”）？得了解你产品 / 服务的具体服务对象是谁？还要预判一下市场的潜力也就是机会有多大？

（三）组织可行性分析

组织就是指人们为实现一定的目标，互相协作结合而成的集体或团体，在现代社会生活中人们已普遍认识到组织是人们按照一定的目的、任务和形式编制起来的社会集团，组织不仅是社会的细胞、社会的基本单元，而且可以说是社会的基础。在这里对组织进行可行性分析的主要目的是评估新创企业的管理能力，确定企业是否具有足够的发展资源，所以是从管理能力和资源状况两个方面进行分析。

（四）财务可行性分析

对商业创意的财务可行性分析仅仅只是一种初步的分析，并不需要提供大量的财务报表，主要是针对创建成本、同行业企业财务业绩以及拟新创企业财务吸引力状况进行分析。如果新创企业通过了此项分析，随后还需要在创业计划书中做更完善的融资计划。

1. 创建成本

资金是企业进行生产经营活动的基本条件。创业者创立一个企业需要多少投资，这些投资可能取决于新企业的性质、获得的商业机会或者创业者未来的计划。我国的法律对于不同性质的企业都设定了一个初始的投资要求，当然投资水平的多少是视新创企业的不同状况而定的。有些企业可能从小做起，一开始并不需要过多的投资，然后慢慢增长；有些企业则有可能在一开始就要投入巨资，这些情况都是有可能存在的。

创业者有了资金预测后，还需要考虑这些投资将来源于何处，是商业银行贷款还是政府贷款或者是个人和机构投资者；获得投资后资本结构如何，如何分担风险。此外，创业者还要考虑如何与投资者接触，向投资者提供哪些信息和资料以获得投资者的投资信任和资本注入等。这些在做初创资金需求外析时就应当考虑清楚。

在可行性分析阶段，评估的指标不一定要非常细化，一般包括雇用员工、办公场地、生产场地、设备、培训、研发、营销和产品展示等。虽然获得的财务数据并不一定非常精确，但也足以使创业者了解企业在建立初期的创建成本。

2. 同行业企业财务业绩

分析同行业企业财务业绩的目的在于估算新创企业可能获得的财务业绩，当然这也只是一种评估的手段，仅供创业者作为参考。一般我们可以借助网络来查找一些同类企业的财务报表，但一般在网络上披露财务数据的企业通常都已成规模，可能不太具有可比性。我们可以通过其他方法来寻找一些中小企业的财务业绩，如小范围的市场调查，搜寻一些产业联盟公布的本行业企业的销售额与利润等财务数据。我们在可行性分析时一般是比较新创企业与同行业企业第一年和第二年的年销售额和利润率。

3. 拟新创企业财务吸引力状况

分析拟新创企业财务吸引力的指标可以设置如下内容：企业前几年的预期销售增长额度、预期顾客重复购买率、新创企业较为精准的预测收入与支出的能力、企业前几年盈余并自负盈亏的能力以及投资者的投资机会等。这些指标的评估仅仅只是一种判断的方式，并非基于实际业绩，只是帮助创业者了解并预测新创企业未来可能的财务状况。

以上可行性评价可以总结为如下表所示。

商业创意可行性表

项目	潜力（吸引力）状况	
	较高潜力	较低潜力
一、行业与市场问题		
产品或服务的市场	高	低
市场结构	不完全竞争或新兴产业	完全竞争或高度集中或成熟产业或衰退产业
市场的增长	以 30% 或 50% 或更高的速度增长	很低或小于 10%
市场的容量与份额	20% 或更多	小于 5%
成本构成	低成本提供	成本下降
二、资本与获利能力		
毛利和毛利率	40%~50% 或者更高	小于 20% 并且很脆弱
投资收益率	25% 或者更高	15%~20% 或者更低
资本需求量	低到中等，有资助	非常高，没有融资
三、竞争优势		
成本优势	最低	最高
企业控制能力	中到强	弱
进入壁垒	有进入优势	无
四、管理团队	有能力组建有凝聚力的团队	不太有能力组建有凝聚力的团队
五、致命缺陷	没有	一个或几个

【拓展知识】

小本钱如何做大的招数

1. 搞好调研

有人以为小笔钱投资没有必要搞可行性研究，这是一个十分幼稚的想法。许多人手头有了一笔钱，就雄心勃勃想干一番自己的事业，这自然是好事。但缺乏信息指导，不做市场调查，也舍不得花点小钱去咨询有关专家或机构，往往是亲朋好友凑在一块儿，举举酒杯，拍拍脑袋就决定上一个项目，这样可能会弄成鸡飞蛋打的局面。

2. 从小做起

经商并不是一种简单劳动，同样一件衣服，有的能卖出去，有的却积压，为什么呢？

这里面有学问。事实上，经商的过程看似简单，实则复杂，比如进货，地点不同价一样，而且货品有真有假，质量有高有低；如何向顾客推销，如何了解他们的活……对于创业者而言，这些都是必须学习和掌握的。然而，这些知识在书本上很难找到，要靠自己在实践中去体会。因此，初次创业者应该先从小本生意做起，因为小本生意即使有失误影响也不大。通过做小本生意的磨炼，有了一定的经验后再去做大生意。

3. 不赶热门

生意砸锅者，一个通病就是赶“热门”，看到别人做什么款式也跟着去，但好的生意人，决不去赶“热门”，却是留心钻研将要流行的服装款式，做那些有市场需要或有某种潜在需要，却又没有人做的事情。要研究人们生活中还有哪些不便，能不能通过某种服务或产品解决人们生活的不便，这就是“难点即市场的道理”。

【案例学习】

大学旅舍商业计划

产品与服务描述：业务主体将向大众（主要是大学生和青年）提供免费的资讯服务及向自助旅行者这一特定客源市场提供旅游导向服务，其体现在大学旅舍网站上。

随着国内大学旅行社的诞生发展及大学旅游热的兴起，如何将分散的大学旅游配套资源有秩序、有组织地发展起来，形成一个大型的跨地域性的旅游服务体系，为日益增多的高校旅行学子提供中转站服务，这是许许多多大学生希望的，也是不少旅游企业机构正在考虑的。

Hostelling International（国际青年旅社）虽然已经进入中国，并获得了一定成功，但其服务目前只集中在经济发达的珠江三角洲地区，与大学生目前的旅行要求有很大的差距。在广大的旅游热点地区，类似青年旅社的服务相当缺乏甚至没有。面对大学生这个庞大的旅游群体，近年来出现了“旅游点高校接待”等萌芽状态的大学生旅游服务中介，但其信誉始终难以稳定。

针对为数众多的大学生旅游者希望旅游地区“青年旅馆”式服务的需求，该网站将通过网络形式，结合国内各地高校旅行社的建立情况，通过合作兼并（已建立相应旅游组织）和聘用兼职（尚未建立相应体系）等形式，在网上开展大学生领域的异地接应、当地导游和结伴同行等服务项目，从而建立以高校为主要场所的流动性青年旅馆服务体系。

（资料来源：魏玉彪．零资本创业 [M]. 重庆：重庆出版社，2010.11）

拓展训练

为你所处的组织策划一项活动

活动目标：激发学生的创新与创造性，理解创新的基本概念和哲学内涵，通过策划与组织活动，加深学生对项目可行性分析及执行的了解，提高学生策划能力与组织协调能力。

活动内容：组织团队，利用本模块所学目标市场及可行性分析等知识，对该组织进行分析，发挥创新意识，策划一项具备商业创意的活动。

活动步骤：

（1）选择一家社团或所处的组织（或兼职的公司）。

（2）利用本模块所学知识分析组织从事或举办过的各种创意活动。

（3）针对组织的实际，策划一项活动并形成项目策划书。

（4）参与活动的组织与实施，总结活动成败关键。

（5）以 PPT 形式在课堂展示活动策划，并汇报活动执行情况。

模块六

产品原型开发与市场测试

Part 06

VUCA 的世界充满意外，而我们对这个全新的世界了解得太少，只能不断探索和成长。一般来说，创业者手上的资源是有限的，无法承受探险的代价。对于创业者来说，最大的浪费不是员工上班工作懈怠，也不是推广活动效果不佳，而是开发代价高昂的产品而得不到客户的认可，做出来的东西没人用。后者才是创业者的噩梦。埃里克·莱斯（Eric Ries）在《精益创业》一书中提出了“精益创业”(*The Lean Startup*) 的创业方法论，指出了低风险创业之路。

精益创业基本内容是：从一个想法开始，快速开发具备最小可行产品（MVP，Minimum Viable Product），然后通过用户测试，获得反馈（数据），对反馈结果进行反思（学习），进而快速完善想法，通过多次的迭代，最终创造出符合用户需求的产品。

创业想法（Idea）、MVP 和数据是精益创业三个核心环节，构成了一个如下图所示的“开发—测试—学习”的反馈循环，通过此循环可持续试错，快速迭代产品。在 VUCA 大环境下，成功创业往往是小概率事件。创业者运用精益创业法可以较低的成本、较高的成功率实现创业。开发 MVP 与用户测试被认为是精益创业法的两大法宝。

大学校园是良好的实践精益创业的场所。首先，在校园里，学生都集中居住且年纪相仿，因此市场环境相对单纯，竞争没有外面社会激烈，降低了创业风险。其次，大学生往往能接受新事物，改变消费习惯，这些都是有利于推广 MVP，并开展用户测试的。

精益创业方法论

项目一

如何开发产品原型?

案例导入

Dropbox 的 3 分钟视频点燃创意

硅谷的 Dropbox 公司在创业之初打算开发一种可以在多个设备上分享的同一个文件的应用工具，但由于技术限制等原因，暂时无法开发可操作的产品来验证想法。该公司的 CEO，德鲁 · 休斯顿（Drew Houston）提出了一个折中方案。他拍摄了一则约 3 分钟的视频，以展示产品的功能。该视频上传至登录页面和社交网站后，吸引了几十万人访问与关注。产品开发团队也在与粉丝们沟通中得到了许多有价值的反馈信息。产品的公测版面市后，立即激发了市场的反响，公测版等候名单一夜间从 5000 人增加到了 75 000 人。

问题探索：创业之路充满不确定性，我的创业想法靠谱吗？能不能在我落地创意前验证一下？

核心知识

一、什么是最小可行性产品（MVP）

最小可行性产品是资源投入最少，仅体现创意或核心价值的产品，创业者可以把

MVP在短时间内投入市场、直达用户，以便学习迭代。MVP具有以下三个特点。

视频讲解

·功能最简，只体现核心功能。

·快速成型，开发成本低。

·可视化，便于沟通理解。

MVP不仅仅是一个看得见、摸得着的“产品”，它也是一种方法和理念，贯穿创业的整个过程。创业者可以在创意阶段、设计阶段或产品测试阶段等方面加以运用。《四步创业法》作者、硅谷创业导师史蒂夫·布莱克（Steve Blank）认为，只要能以最快的方式、最少的资源投入实现“开发—测试—学习”反馈循环的“产品”，即可视为MVP。通过迭代学习，其结果可能是在不断的试错中发掘出一个理想的产品或找到一种盈利的商业模式；也可能相反，它验证了一个伪需求，避免了代价高昂的开发损失。

在具体形态上，MVP中的P（Product，产品）可能是一个切实可行的产品/服务，也可能是仅展示功能而不能真正使用的产品原型（Prototype）。尤其是在创意初期，MVP往往以产品原型（Prototype）形态出现。

二、什么是产品原型（Prototype）

产品原型是产品或服务设计方案的可视化、虚拟化的表达。对于实体产品，它具体形象地展示出产品设计界面、功能与交互等产品开发的核心信息；对于服务，它展示出服务场景与流程。用户可通过原型理解设计者的创意，但不能使用其功能解决用户问题，也不能实现交易。

三、为什么需要制作产品原型

（一）验证需求的依据

在做用户需求调研时，给用户的信息量大而散乱。用户往往对未来的产品的真实模样认知模糊不清，对功能了解失真。有了产品原型，就能让产品的需求越来越清晰，原来一些很模糊的需求认知也会变得越来越清晰了。

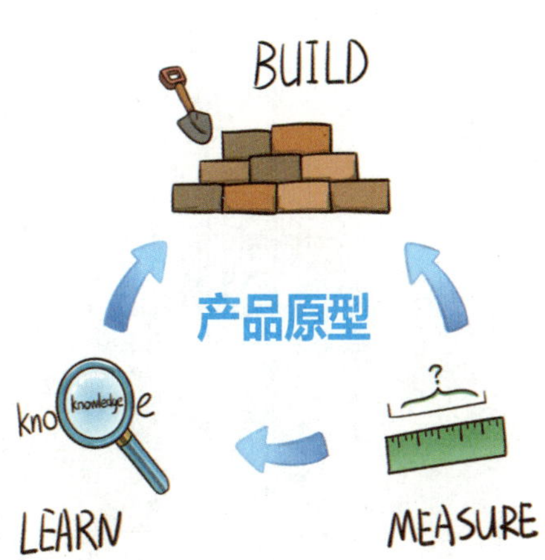

（二）设计开发的依据

产品的设计与开发人员可能并不参

与客户需求收集，也就是说，设计与开发人员并不直接对接项目发起人或用户。设计开发人员可通过产品原型快速而直观地理解需求，减少落地的产品与需求的错配可能。

（三）用户测试的依据

用户测试可以产品原型为抓手来展开。创业者或市场人员可把产品原型投放到某个用户测试平台中，用户可通过原型，直观地了解产品的特色或创意，并完成提前设计好的测试内容。创业者得到测试的数据，学习与反思，迭代当初的创意和想法，然后调整或重新设计原型，进入下一轮的测试与学习的循环。在这种情况下，产品原型就是MVP。

四、产品原型的分类

（一）根据产品原型存在的形态来划分

1. 故事板

顾名思义，故事板就是一个讲故事的板子，看上去有点像漫画，但其实故事板是一种思考方式，是以图文方式清晰、准确、完整地讲述一个故事。当故事板被运用到产品设计中时，一方面，故事板可以把抽象的体验过程具象成图文结合的形式，让所有的人都能够通过一个角色来观察场景、可能触发的事件、产品使用的渠道、操作流程以及行为决策等。产品设计师能够以此对用户体验进行更直观、更深刻的挖掘和思考；另一方面，创意团队可通过故事板测试产品概念，以很小的成本进行实验，揭示更多的想法，并审查它们的真实性。构建一个故事板需要三个基本要素：角色、场景和情节。

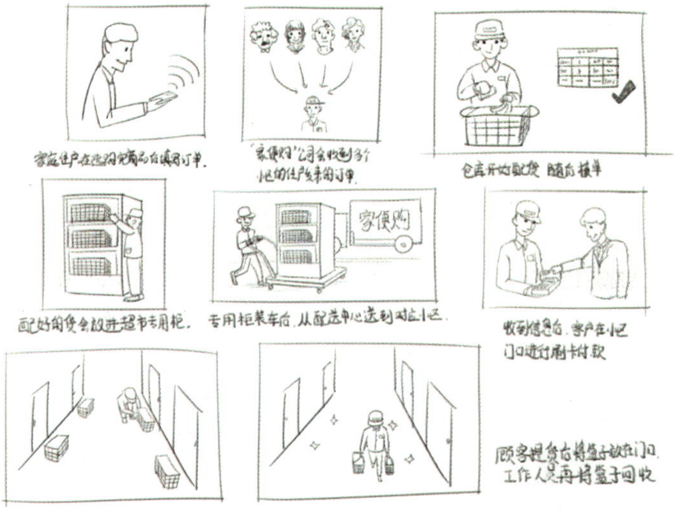

某创业大赛的学生创业方案“线上超市”的故事板

（1）角色：一个故事的主人公，最好能体现真实用户的画像。他的行为、习惯、偏好、期望等因素都将决定着他们如何在使用产品时进行决策。因而人物的行为越是接近真实的用户画像，就越能帮助创意团队挖掘产品中的体验问题。

（2）场景：一个承载角色形象，烘托人物性格的背景和环境，包括线上环境（网络、应用程序等）和线下环境（地点、周围的人物）。

（3）情节：故事的主线剧情，通常会包括起因、经过和结果。即用户目标、触发事件、行为流程、行为结果等。在故事板中的剧情描述要简单、清晰、易懂，并且要重点围绕角色和角色主要目标展开。

2. 手绘图

无论在实体产品开发还是在软件应用开发中，手绘图都是一种最为简单直接的原型载体。使用者基本不需要专门学习，只要使用铅笔、橡皮和白纸即可完成创作。在创意的初期阶段，创意团队只需要关注核心业务流程，不必考虑细枝末节。那时候的任务相对简单，整个团队沟通顺畅。手绘草图能以低成本快速呈现、快速修改并提高创作效率。手绘图最大的缺陷是功能之间无法交互。为了增强创意的交互性，可以考虑将手绘图添加到 POP 里，如下图所示，使得静态的草图有了交互功能。（注：POP 是一款产品原型制作工具）

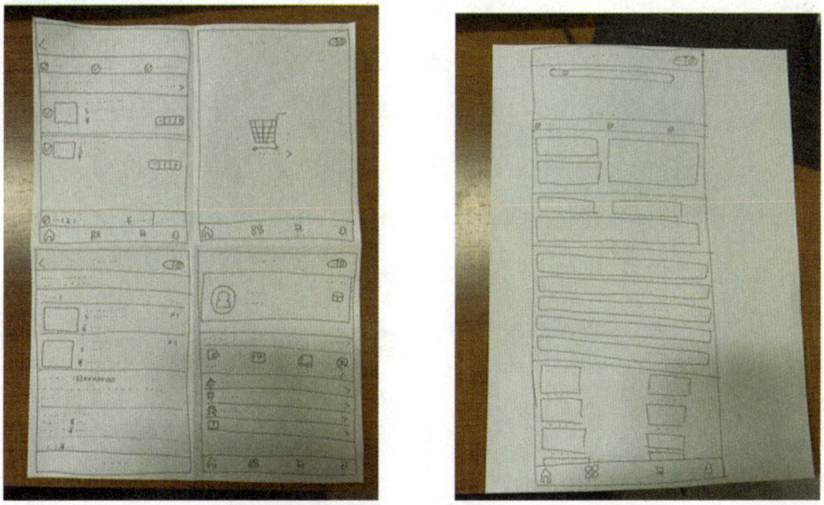

一款移动商城（小程序）的 UI 设计手绘图

3. 实体产品原型

实体产品的开发往往需要制作实体的产品原型。制作实体产品原型的材料可以与真实产品一样，也可以采用廉价的材料替代，甚至可以制作一个微缩版模型。在实体产品研发过程中，尤其是在产品设计过程后期，研发人员可能需要手工打造一个功能比较齐备的产品原型（俗称“手板”），并寄给客户测试或验收。手板一般具备一定的核心操作功能，用料上接近实用产品。

随着3D打印技术的推广使用，现在有些工厂3D打印实体产品原形，下图是一款3D打印出来台灯原型。3D打印的原形，制作速度快、成本相对低；缺点是无法展示交互功能。对于非动态操作的产品（如杯子），3D打印是很好的制作产品的原型方式。对于可动态操作的产品，那么3D打印的样板仅属于中度保真的产品原形。如果客户要求，还要制作高度保真的“手板”。

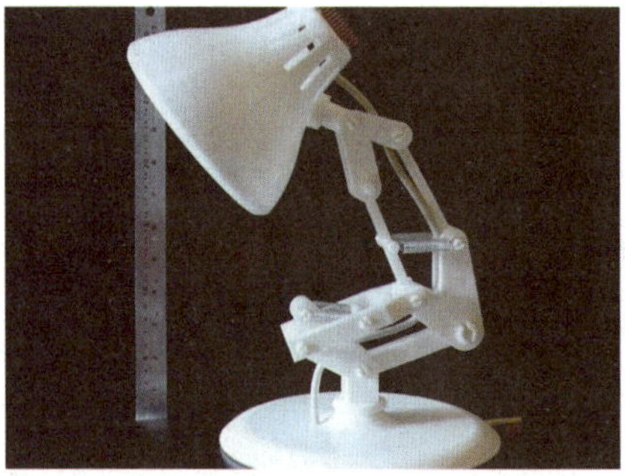

3D 打印台灯原型

4. 数字化产品原型

所有以数码方式存在的原型都是数字化原型，不管其真实产品是实体的还是软体的。在实体产品的开发，一般既制作全实体产品原型，也制作数字化的产品原型。利用3D建模技术可将产品的设计转化成数字化的产品原型，下图是一款3D建模的零部件。对于数字化产品，如移动应用（App），产品原形往往就是数字化的。数字化产品原型最大的优势在于它以数字的形态存储、分享和模拟演示。在制作过程中，可以多人合作同步参与，迅速将内容可视化，加快工作效率。在当今互联网时代，绝大部分的产品原型都以数字化的方式来开发了。本项目最后将介绍一些常用的App开发的原型制作工具。

3D 建模的零部件

5. 视频

视频既可展示实体产品的工作原理及其性能，也可展示服务类业务的服务流程和特色。一方面，视频虽然还不是客户的亲身体验，但已能生动地展示服务流程与场景，让用户更直观、更精确地了解创业项目所输出的价值。视频往往给用户留下深刻印象，引起更广泛的反响；另一方面，视频能通过网络，以快速而便捷的方式传播并尽可能多地接触到潜在客户。

某大学生创业大赛的参赛项目，以视频方式展示服务流程

根据电商数据显示，视频广告更容易吸引用户关注。上述 Dropbox 公司的案例就是明证，Dropbox 看到了用户的强烈反响后，信心满满地开始开发。下图是在“摩点众筹”网上的某个网游项目的介绍视频。该项目尚在创意阶段，设计者拟通过视频的方式，向访客介绍该网游的创意和卖点，公开征集玩家意见。

“摩点众筹”网上的某个网游项目的介绍视频

（二）根据产品原型的仿真程度划分

1. 低保真原型

任何最简单化呈现创意的可视化载体都是低保真原型。它能快速成型，但界面简单，仅表达创意的某个核心价值。界面之间往往没有交互性；就算有，也只是简单的符号或文字注解。上述提及的“手绘草图”就是低保真原型。

2. 中度保真原型

相对于低保真产品原型，中度保真的原型一般会添加更多的细节，基于可以“动起来”的标准，具备一定的互动性。对于实体产品，可以用 3D 软模拟其操作互动性，对于软件开发，界面之间交互性更精细，比较接近最终的产品。在大部分情况下，中度保真原型已经能满足使用需求，它既表现了功能特性和交互过程，界面更细节化；同时使用者已经能比较完整地体验到最终的产品特色。设计者可以此来验证产品的可行性，确保了不会在后面的开发过程中出现重大失误。缺点是花费时间会多一些，制作成本更高。

3. 高保真原型

高保真原型几乎是完全按照最终产品来制作的原型，原型更精准和精美，产品的所有功能以及详细的交互细节都比较完整地呈现出来。制作高保真原型可以显著提高沟通效率，但是这就意味着需要花更多的时间和开发成本，而且一旦有修改也会更加耗费时间。在实体产品开发中，最后交付客户验收或给天使用户测试的“手板”往往是高保真的产品原型。

下图展示了一款 App 移动应用在开发过程中的三种保真原型。

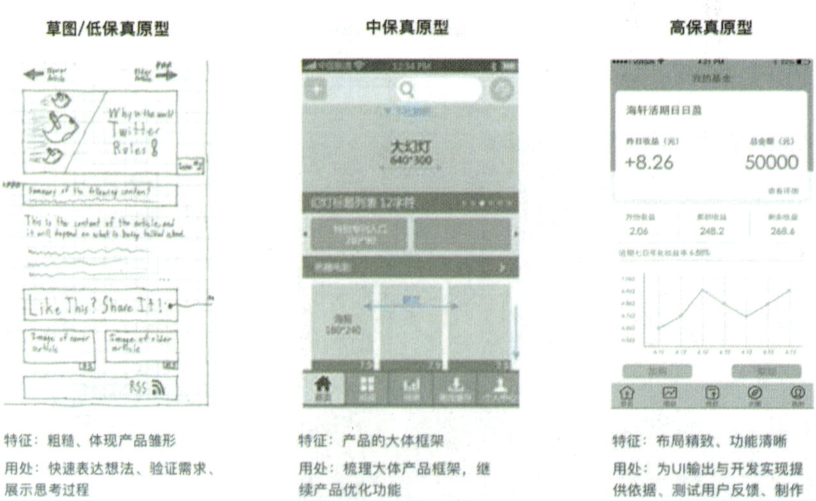

某 App 应用的三种保真原型

五、设计产品原型的过程

一个产品从需求到成品要经历一个漫长的过程，这是从虚到实的过程。下图所示是以构建一个移动应用为例，描述原型设计的过程。

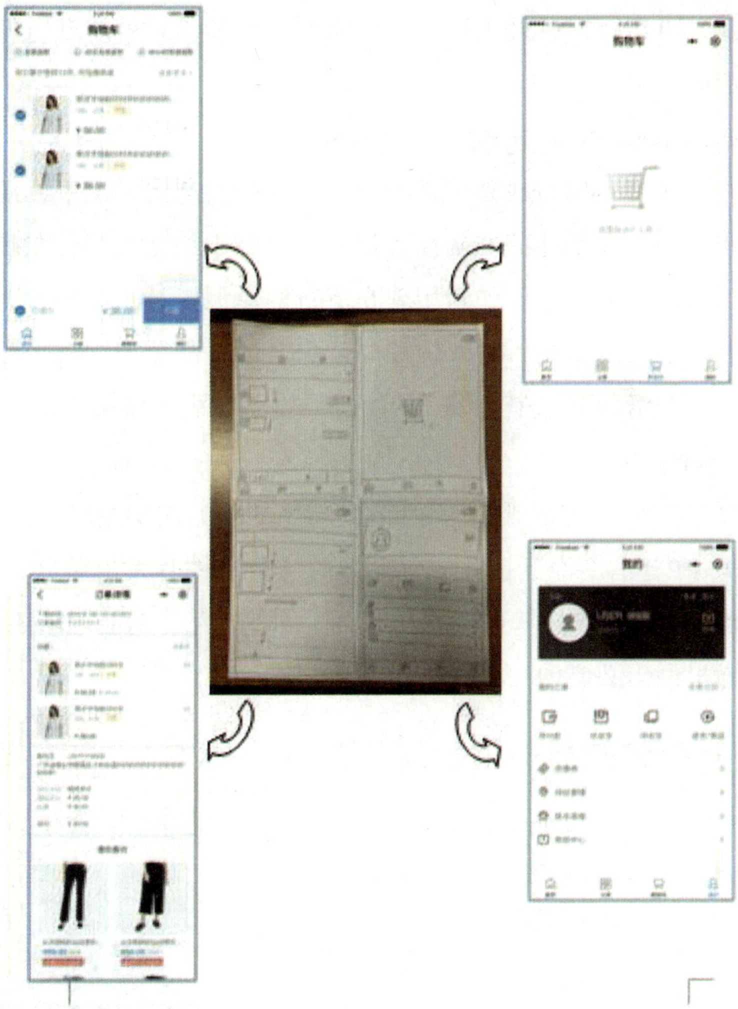

由手绘图转换为中度保真产品原型图

（一）明确用户核心需求

产品设计人首先应该清楚了解用户的痛点是什么，自己的产品在什么场景下使用，解决什么问题。

（二）以核心需求为中心整理功能要点

先列示出一些核心功能，同步做一个手绘图来简单显现产品设计的核心功能点，不需要画得太精美，以能看懂为宜。

（三）优化手绘图，添加细化功能点

根据上面的手绘图上的核心功能点，添加功能细节，构成一个相对完整的产品架构。在这个过程，思考这些功能怎么实现，放在哪里，哪些功能需要详细说明。因为手绘图制作成本低，易于改动，在思考不算成熟的设计初期，可先行完善好手绘图，功能框架思考成熟后才进一步制作中度保真产品原型。

视频讲解

（四）构建中度保真产品原型图

在产品的功能思考也比较成熟、手绘图做得比较完好的情况下，设计团队应与需求方或客户初步核实主体功能的准确性，但不要纠结于细枝末节。在确认核心功能无误后可构建中度保真产品原型，如运用现在流行的原型工具（如墨刀）来构建一个交互式数字化产品原型。至于是否需要构建高度保真的产品原型则视乎开发工作的必要性或客户意愿。一般情况下，中度保真的产品原型就能满足使用需求。

（五）注释说明

就算中高度保真的产品原型具有交互性，但是功能的底层逻辑往往无法表达清楚。例如，设计中的APP里有一个让图片短暂存在的功能："图片发出后72小时自动删除"。这样的功能逻辑在产品原型图里是无法呈现的，因此，某些功能逻辑还需要文字表达，这就需要在页面里做出必要的注释说明。

六、常用的互联网产品原型的制作工具

（一）POP

POP—Prototyping on Paper是由台湾地区的Woomoo团队所开发，它实现了纸本流程动起来的可能，只要用手机拍下你的手绘草稿，在POP里设计好链接区域，马上就能变成可互动的Prototype，让你的点子不再是纸上谈兵。设计者可以利用POP快速验证自己的想法，无论是修改还是与同事讨论都十分方便。POP使用流程非常简单，具体如下。

POP 工具

（1）先用手机拍下草图原型 或者导入已画好的图（存到POP App内）。

（2）然后开始编辑图片的哪个区域（按钮）链接到什么页面，添加跳转链接热区。

（3）在 POP 中给热区增加内嵌的交互动作，如侧滑、展开、消失等，即可满足一般的动态演示需要。

（二）Axure

Axure RP 是美国 Axure Software Solution 公司的旗舰产品，是一个专业的快速原型设计工具，让负责定义需求和规格、设计功能和界面的专家能够快速创建应用软件或 Web 网站的线框图、流程图、原型和规格说明文档。作为专业的原型设计工具，它能快速、高效地创建原型，同时支持多人协作设计和版本控制管理。这是个元老级产品原型制作软件，是几乎所有入行的设计师必学的神器。

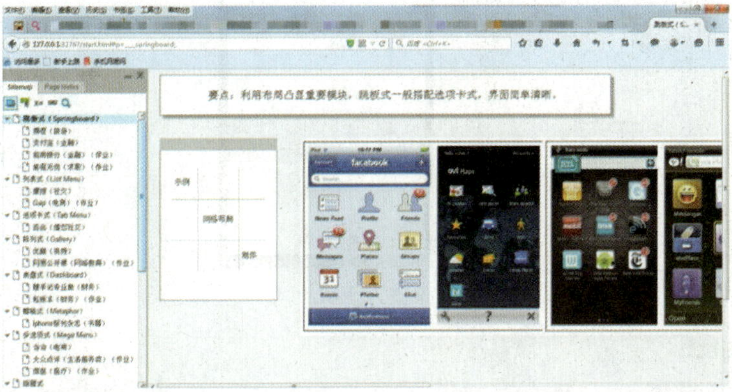

Axure 工具

（三）Mockups

Mockups 是一款产品小白都可以快速上手操作的超级省时省力的工具。这款产品的交互也是它本身的一大亮点，只需要拖一拖鼠标，即可完成交互的设计，它没有复杂的参数，更无须编程。它最吸引人的地方是完美的演示功能，颇受用户好评，使用率也很高。

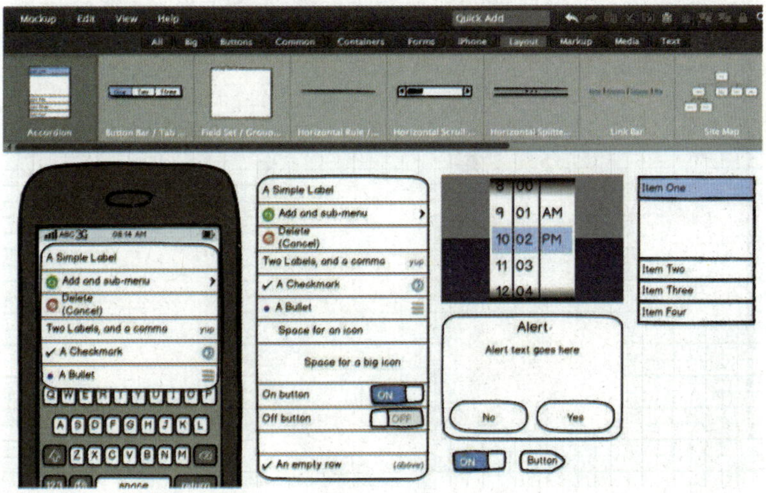

Mockups 工具

（四）墨刀

墨刀是一款国产的在线原型设计与协同工具，致力于简化产品制作和设计流程，采用简便的拖拽连线操作，支持云端保存，实时预览，一键分享及多人协作功能，让产品团队快速高效地完成产品原型和交互设计。使用墨刀，用户可以快速制作出可直接在手机运行的接近真实 App 交互的高保真原型，使创意得到更直观的呈现。

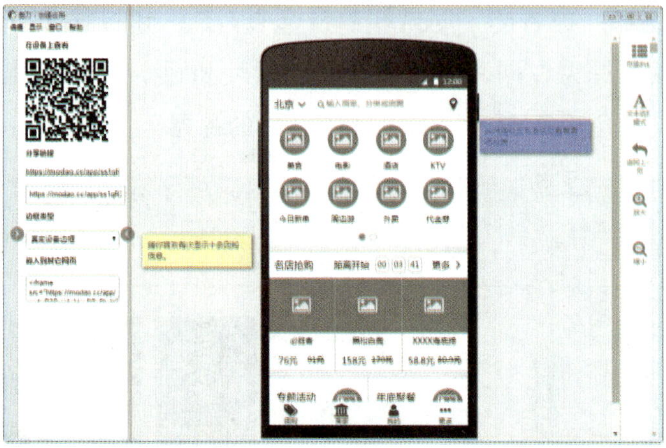

墨刀工具

（五）Sketch

Sketch 是专门为 Mac 的 IOS 开发的一款矢量图形绘制软件。在 Sketch 软件中，IOS 开发者可以十分方便地设计图层面板等图层常用操作，普遍应用于产品的交互设计和 UI 设计。除了矢量编辑的功能之外，Sketch 同样添加了一些基本的位图工具，比如模糊和色彩校正。Sketch 产出的内容有一个很大的特点就是颜值高，而且自带了很多模板，省去了从网上各种非正规渠道找资源的麻烦。

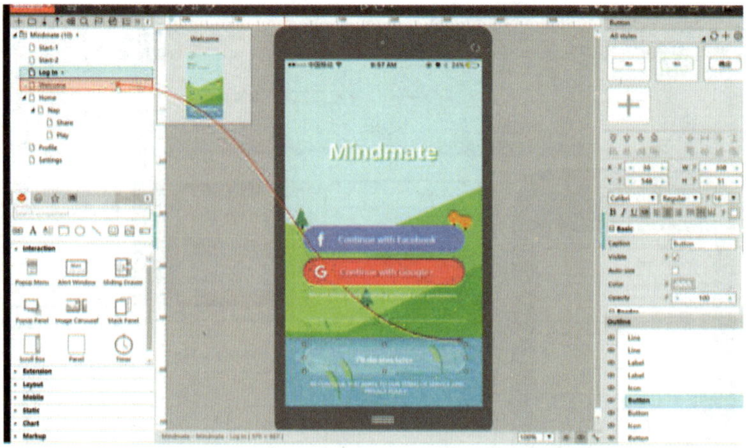

Sketch 工具

（六）蓝湖

蓝湖也是国产的一款原型协作平台，自身定位为“简单好用的团队工作台”。使用蓝湖可以导入 Sketch/Photoshop 和 Adobe XD 的设计稿（通过插件），并在蓝湖上做自动标注和交互原型。对于设计师来说，可在蓝湖进行设计图管理和自动标注；对于产品经理来说，可以在蓝湖做页面逻辑流程图和汇集产品文档。不过蓝湖本身没有设计功能，必须依托在 Sketch/Photoshop/Adobe XD 平台上才能进行设计。

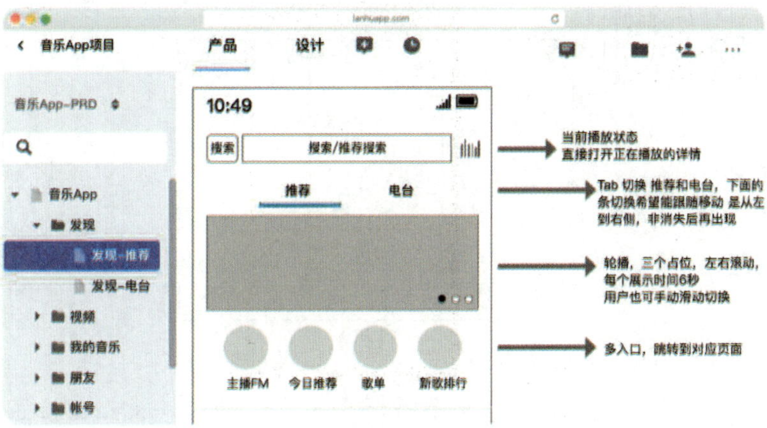

蓝湖平台

拓展训练

（1）制作一个创意故事板。

创业小组选择一个现成创业故事或构思一个创业想法，从中提炼出解决用户痛点的核心要素（目标用户、存在问题、产品 / 服务、解决方案及效果等）；然后构思一个故事情节，从中选取关键场景（最多九个），用简单的手绘图呈现出来，按情节逻辑合理布局在白纸上。以九个场景为例，故事板可以九宫格形式呈现。

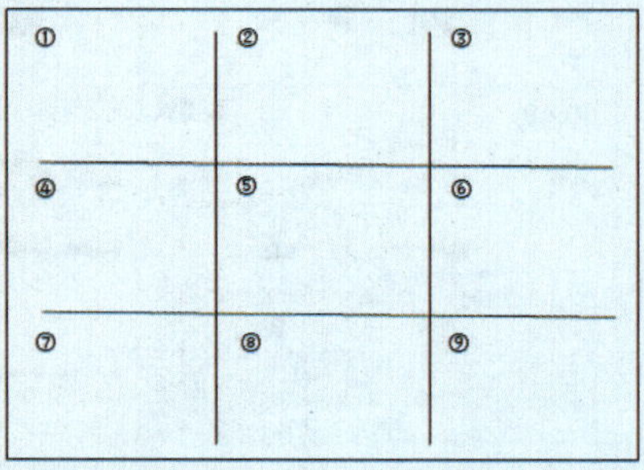

（2）制作一个创意视频原型。

创业小组选择一个现成创业故事或构思一个创业想法，从中提炼出解决用户痛点的核心要素（目标用户、存在问题、产品 / 服务、解决方案及效果等）。创业小组制作一段小视频，创业小组可通过角色扮演或产品操作演示来呈现出能体现创意价值的服务流程或产品功能。

（3）制作一个 App 应用原型。

①创业小组构思一个能用移动应用解决某个社会问题，不要求完整地设计出整个操作流程，只需要在白纸上手绘出若干个关键界面，用箭头画出界面之间的跳转关系，注释必要的功能逻辑。

②应用某个你熟识的 App 原型设计平台（如 POP），把第 1 小题的设计内容转化为数码化的产品原型。

项目二

如何进行用户测试?

ideas
SHINE THROUGH

案例导入

美国最大的专业卖鞋的 B2C 网站 Zappos 是如何跑起来

谁会知道，美国最大的专业卖鞋的 B2C 网站 Zappos 是以一个简单网页开始的呢。在创业的初期，Zappos 根本没有任何的供应商，创始人尼克·斯威姆（Nick Swinmurn）也不急于开发自己的供应商并上线产品，而是以手动方式将当地鞋店的照片都上传到网页上。当有人在网上下单买鞋时，他会去当地鞋店买下客户下单的那双鞋。通过这种方式，Zappos 真实有效地观察顾客的反应，测量一个网上商城里的产品需求量和顾客偏好。相较于一开始就投资在基础建设和商品库存上，Zappos 以很低的成本和市场风险验证了构思中的商业模式。Zappos，最终成长为最成功的在线商务之一，并且在 2009 年以 12 亿美元的价格被亚马逊收购。

问题探索： 我的创意能为用户解决问题？他们真的喜欢我的产品？如何通过产品原型的测试去纠正你的设计缺陷？

核心知识

一、什么是用户测试

在产品开发过程中，为了确保产品最终能打动目标顾客，开发人员会邀请潜在用户或了解产品的相关人士使用产品原型，观察、记录、测量使用者的使用行为，或进行访谈，进而了解产品存在的问题并洞察用户的需求，以此改进迭代产品。用户测试对象包括内部用户和外部用户。一般情况下，用户测试会聚焦于以下两方面。

视频讲解

（1）有没有用：即产品的核心功能或创意点是否能解决产品设计所指向的痛点，这是产品的最核心价值。

（2）好不好使：即产品使用的友善性，是否操作方便？同步观察用户行为和用户的使用习惯。

二、为什么需要用户测试

（一）为设计决策提供可靠的依据

用户是一个产品成败的最终评判者。但是用户的想法往往与产品设计人员的预期是不一致的，因此一次好的用户体验测试能够得到用户对产品的反馈，为开发团队提供改进的依据。

（二）优化产品功能设计，节省成本

在产品进入开发程序前，进行用户测试可辨识并去除那些多余的功能，节省开发成本。产品开发后期，在性能检测后进行用户体验的测试，能够及时较早地发现问题，避免产品上线后带来的不必要返工损失。

（三）为新产品预热

有针对性的用户体验，可以提升最终产品的用户满意度，在产品正式进入市场前，先行激活部分粉丝或用户意见主导，推动产品日后在市场中口碑的树立，助推新产品上市。

三、测试对象选择

参与测试的群体是否合适，在很大程度上决定了这次测试能否成功、能否为设计开发者提供有效的建议和反馈。不同的产品开发、同一产品开发在不同的开发阶段影响着参与者类型的选取，也有公司选取两个或以上类型的参与者。这视该类产品开发

的战略地位和公司的资源投入的多少而定。如有必要，开发经费充足的公司可能会扩大测试的范围。下面介绍四类主要的测试参与者。

（一）目标用户

产品在设计时所对标的用户群就是未来的服务对象，也叫潜在用户。让一部分目标用户群来测试原型，反馈和建议对产品的下一步开发和设计往往会有更直接的作用。这是大部分产品开发惯用的测试群体。

（二）竞品的使用者

竞品的使用者是非常优质的测试对象。该群体不仅了解此类产品的使用，更重要的是了解你的竞品的使用状态。如果他们能参与测试，很自然地会把你的产品原型与自己正在使用的产品（竞品）去做对比。俗话说，“没有比较就没有伤害。”对于开发者而言，在产品开发前期，实在太需要这种“伤害”了，他们必须了解目前设计中的缺点和不足。

（三）公司内部的市场推广人员

不要以为产品测试一定要找外人，公司自己的市场人员也是可以参与的。这首先是因为他们是公司最直接接触到潜在用户并了解市场竞争环境的人，他们对本公司的产品开发的意见理应受到重视，也可以借此机会让公司的一线市场人员深入了解公司待开发产品；其次，在实际操作上，那部分人群是最容易组织起来的，这便于快速测试。当然，他们毕竟是公司内部人员，可能会受诸多因素影响（如对公司开发的产品有先入为主的看法等），因此，他们的意见不一定公正，与真实用户的感知存在差距。

（四）行业专家或专业级玩家

如果测试的对象在使用上具有一定的专业性，普罗大众不大了解此类产品或服务，那么就应该选取该领域的专家或专业级玩家来参与测试。如一市场调查公司受客户委托，实施一项超大型工程车开发项目的市场调研活动。该公司要求测试产品原型的参与者必须具有该类工程车驾照和 10 年相关工作经验。一般而言，受测产品越专业，对受测对象要求也越高。只有深度用户才能给出专业意见。但需要说明的，专家并不意味着年纪大。游戏开发往往青睐专业级玩家参与测试，他们基本上是年轻人。美泰（MATTEL）公司是世界著名的玩具商，其产品测试者是经过精心挑选的专业级玩家——适龄儿童。

四、寻找合适用户的方式

寻找合适用户的方式如下。

（1）亲朋好友以及业界相关的联系人。

（2）通过你的网站或博客发布招募信息。

（3）在社交媒体中寻找与当前产品领域相关的用户。

（4）其他你认为有可能接触到你意向测试参与者信息的发布渠道。

五、用户测试的方式

（一）用户访谈

通过访谈人员与用户的直接互动，向用户展示原型，让用户对产品发表意见和建议。设计者应先设计好问卷，列出需要用户回答的问题，或列出产品能解决的问题，然后询问用户它们是否奏效等。访谈的主题要始终围绕着你的产品所要解决的问题展开。访谈应该是有探索性的，而不是为了兜售你的产品或创意。

（二）A/B 测试

A/B 测试是指设计人员有意设计出两个元素或版本（A 和 B），或多个版本，随机让用户访问，然后使用分析工具测试访客对设计方案的反应，比较各个版本的实际效果，如跳出率、转换率和使用率等，最后优选出效果最好的产品方案。现在比较流行的 A/B 测试分析工具有 Optimizely、Unbounce 或者 Google Analytics。设计者也可以把产品原型与其他同类产品放在同一个测试平台，让受测者或访客选择，测试产品的创意能否激起用户兴趣。

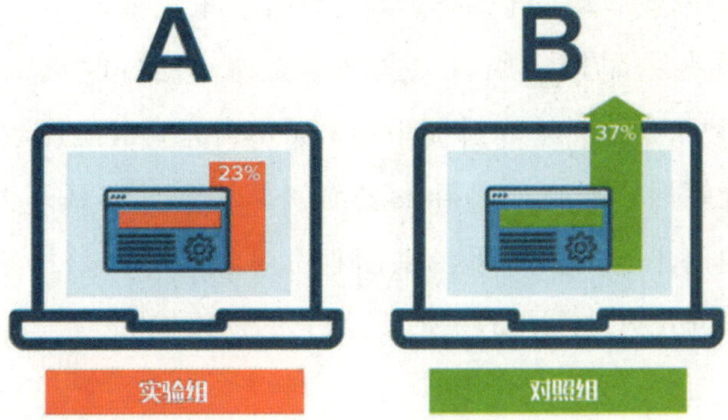

（三）着陆页 (Landing Page)

着陆页也叫“引导页”。在网络营销中，商家会在各类网络渠道中引导潜在用户点击广告页面，或者利用搜索引擎源搜索后给用户显示网页。潜在用户接触到产品前，着陆页就是他们最先看到的页面。设计者可以把数字化的产品原型链在着陆页上，引导用户打开，了解产品原型的创意点，引导用户完成测试内容。如果想要进一步地挖掘数据，可以考虑在页面的内容中运行 A/B 测试，该测试能够明确哪种方案的效果更理想。滴滴司机招募着陆页结合 A/B 测试，掌握到了用户偏好的设计方案，取得了良好的效果。

滴滴司机招募着陆页

（四）广告

广告活动可以进行市场有效性调查。设计者可以在热门的搜索网站上（如百度或 Google）上打广告，并运用相应的统计工具，深度挖掘到目标用户的统计信息，如点击率和转换率等。广告活动可以和 A/B 测试结合使用，测试产品中哪些特点或者哪部分对访客是最有吸引力的。

（五）众筹

一般的众筹网站（如 Kickstarter 和 Indiegogo）能为公众提供 MVP 测试的工具。产品开发人员可以通过筹款活动中客户的贡献度来观察人们的关注点。众筹网可以说是创意交易的集市。创业者既可以通过众筹网站募集创业资金，同时接触到一群对产品感兴趣又积极参与的早期使用者。这是建立口碑的好时机，还能得到持续不断的反馈，进行实验性学习。Pebble 智能手表和 Ouya 游戏机是比较好的例子，它们在 Kickstarter 上发起众筹活动，在产品开发之前就募集到了数百万美金，同时还打造了良好的口碑。我国也有不少的众筹平台供创业者对公众筹资以及测试创意的有效性，实现人生梦想。下面介绍几个我国现在比较常见的众筹网站。

1. 众筹之家

众筹之家于 2014 年 7 月正式上线，是国内股权众筹门户之一。网站以投资人需求为核心，提供股权众筹资讯、权威数据比对、优质项目推荐、行业交流社区和众筹学院。

众筹之家

2. 摩点网

摩点网是一个专注于文化创意领域的众筹平台，于 2014 年 6 月上线。摩点在游戏、粉丝应援、动漫等领域已经具备一定的品牌效应，是国内 ACG 类项目众筹的首选平台，目前正在横向快速扩张到出版、影视、音乐和设计等其他领域。

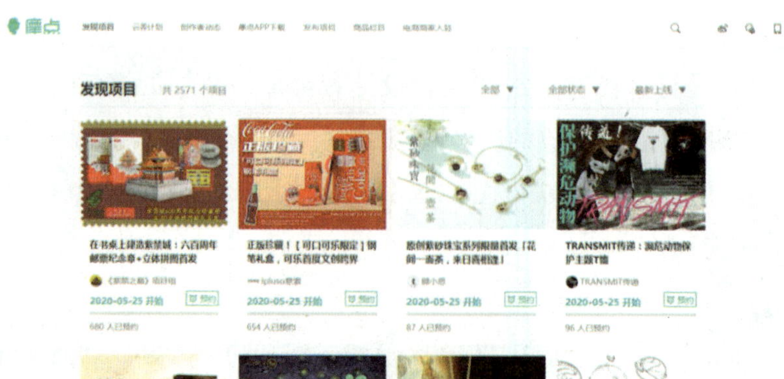

摩点网

3. 造点新货（原淘宝众筹）

这是淘宝众筹的升级版，于 2019 年 9 月 1 日上线。造点新货是基于阿里鱼 IP 生态和阿里电商生态的全链条爆品孵化器，未来会向智能化、IP 化、国际化众筹发展。

造点新货

4. 众筹家

众筹家于 2014 年 9 月正式上线，是《理财周刊》旗下、中国领先的众筹门户网站。平台业务涵盖众筹门户、交易服务、数据研究、众筹咨询、技术服务、众筹基金六大板块。

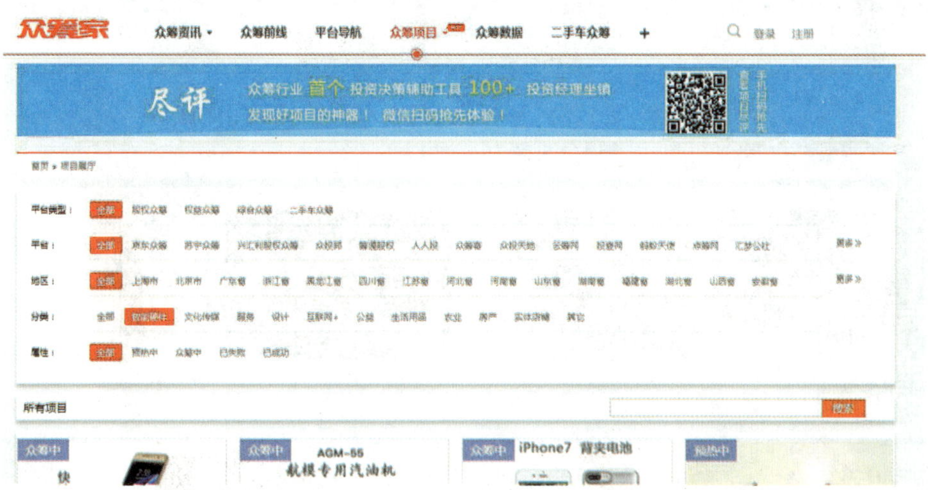

众筹家

5. 苏宁众筹

苏宁众筹于 2015 年 4 月上线，是国内唯一一个实现同时在线上平台、线下实体门店同步开展众筹产品体验的全渠道平台。平台包含六大品类，涵盖科技、设计、公益、农业、文化、娱乐等众筹产品，首次上线共计 24 个项目，分布在科技、公益、农业三大品类。

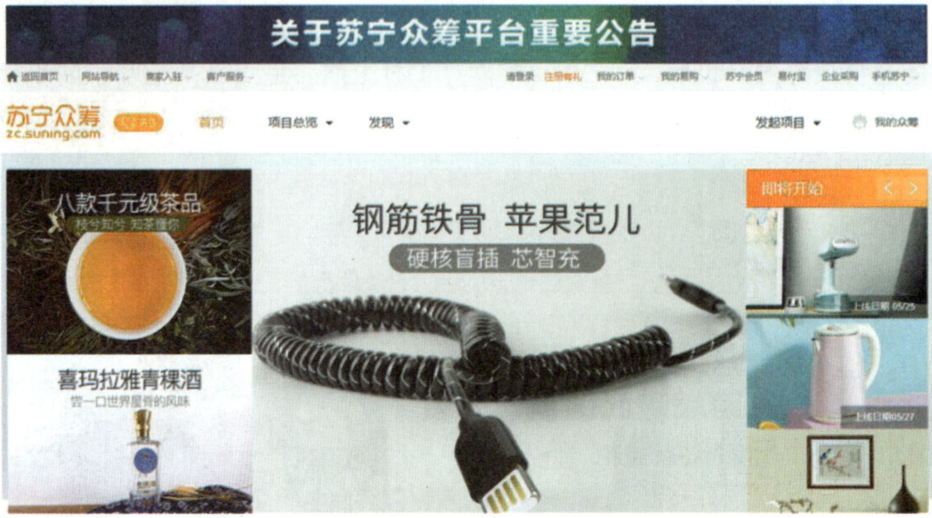

苏宁众筹

6. 众筹客

众筹客于 2015 年 3 月上线运行，是专注于同城吃喝玩乐的众筹平台。相比于全国性的股权众筹平台，同城众筹意味着区域小、信息量集中，同城投资者带动性更强。一方面，用户对项目看得见、摸得着；另一方面，商家既可筹资，也可获取顾客资源。众筹股东既是顾客也是宣传者，可让商家生意更好做。

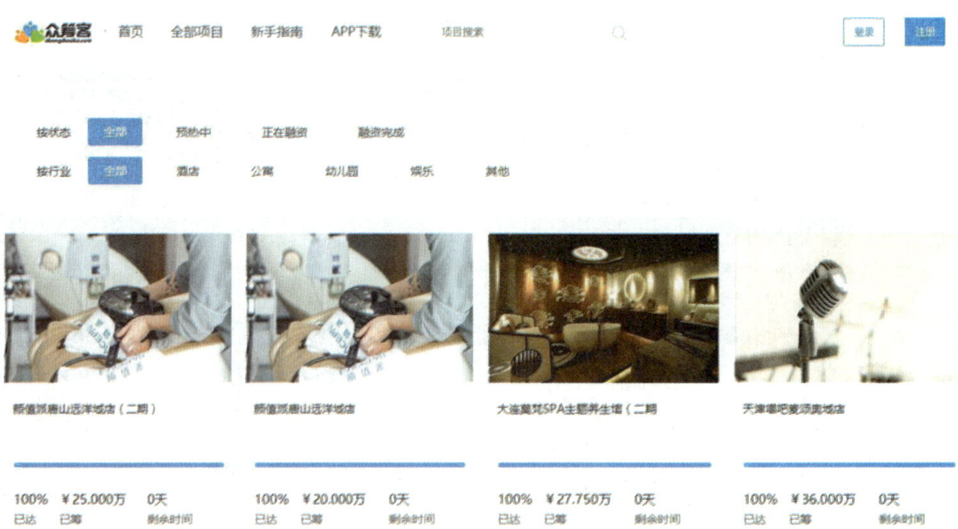

众筹客

（六）社交平台

社交平台的双向沟通功能也是很好的发布创意并获取顾客反馈的理想方式。你可以将 MVP 放在微博或微信朋友圈上发布，让粉丝们了解或试用产品，获得反馈，然后持续地学习和更新迭代。

拓展训练

（1）利于用户访谈进行 MVP 测试。

根据本模块项目一的训练任务第（1）条或第（2）条的创意，组织一场小型一对一的用户面谈。要求：

在你所在的小区或校园内甄选部分目标用户群，起草一份访谈问卷，题目形式可以多样；问题应该是创业者核心的关注点，如“产品/服务是否能解决用户问题”，“你会不会购买该产品/服务”。

访谈时应向受访者都充分展示本模块项目一训练任务的第（1）条或第（3）条的产品原型，让对方全面认知产品/服务的功能和价值。

（2）利用社交平台进行 MVP 测试。

创业小组根据本模块项目一训练任务第（2）条的创意，在各自的社交平台（如微博、微信或抖音）上传你们制作的视频，根据访客的流览量、关注量和咨询的热度，评估创意的可行性。

模块七

市场营销与商业模式

Part 07

项目一

如何让你的产品卖得好？

案例导入

百年回力鞋的起死回生——教科书级的营销

创立于 1927 年的回力鞋品牌，曾经是中国的国民品牌，20 世纪 80 年代，它一度成了我国体育界的御用战靴，郎平、周晓兰、郑海霞等都穿的是回力。但是它渐渐因为没有跟上时代改革的节奏逐渐走向衰落，濒临死亡。2000 年前后，回力被收购，之后也是卖着十几块一双的低端鞋。

2005 年，法国人派特斯·巴斯坦来到上海参加武术培训班。当他来到武术培训班后震惊了，因为人们穿着统一的回力运动鞋。他感觉发现了宝贝一般：鞋子样式简约，关键价格实在太低了，低得可怕。于是派特斯就做起代购的生意，由于这个人在营销方面非常擅长，再加上很多法国人并没有真正去过中国，对“神秘的东方”还是很感兴趣的。他的宣传语是“中国功夫专用鞋”以及“经典复古款式”。原本中国售价一双不到 2 欧元价格的鞋子，到了法国售价竟然达到了惊人的 50 欧元（按当时的汇率计算，约等于 500 元人民币）。回力鞋子在法国火了之后，派特斯便考虑与回力签约成为海外市场总代理，准备大干一场。

签约之后，双方聘请了国内外数百名知名设计师为回力鞋子增加时尚感。没想到，回力鞋子这下竟成为外国明星们的新宠儿。回力鞋也成功被陈列在法国香榭丽舍大街的多家运动鞋店的鞋架上。

再之后，最权威的时尚杂志《ELLE》四次对其进行报道，回力成功引起国人的注意，再次回归国人视野。这是典型的“出口转内销”。

2014 年，回力鞋也重点发力线上商店，在多个平台开设官方旗舰店，形成了终端直供平台 + 电商平台的与时俱进的营销方法。

2008 年，回力的销售额为 1.8 亿；到了 2016 年回力的全年零售额达到了 50 亿；2017 年，回力的半年销售额就有 36 亿，双十一当天的销售额破亿元。回力的命运真的如名字一般，它利用一场成功的营销运作的回天之力将品牌从死亡线上拉了回来。

（资料来源于网络）

问题探索：结合回力起死回生的案例，探索市场营销活动的重要性和必要性。

核心知识

市场营销是现代经济发展的产物，是社会经济生活中的重要活动。随着供需市场的变化，市场日趋成熟，竞争日益激烈，企业希望在市场中突围而出，更加需要灵活准确的市场营销策略，以更好地拓展业务、提升收益、持续增长。

视频讲解

市场营销组合作为市场营销的核心概念，指企业用于实现其营销目标的一整套营销工具。1975 年，美国密歇根州立大学的市场营销学教授麦卡锡（E. J. Mecarthy）率先提出一套企业可控的营销要素的组合，包括产品（Product）、价格（Price）、渠道（Place）、促销（Promotion）四个要素。由于这四个要素的首字母均是 P，所以它被称作 4P 营销理论，成为市场营销领域最经典的一套营销组合。

一、打造优质的产品或服务（Product）

（一）功能用途

功能用途是产品和服务最基本的立足点，顾客购买产品或者服务希望获得什么功能、实现什么效用、解决什么问题，都是开发产品或设计服务时最需要考虑的。

例如，2020 年新型冠状病毒防疫期间，为切实阻断疫情向校园蔓延的渠道，全国推迟大中小学（幼儿园）开学时间。阿里巴巴推出了钉钉课堂，上线了在线课堂、直播互动等教学场景的详细解决方案，成为很多教师上网课选用钉钉平台的原因。

（二）质量

如果产品或者价格非常优惠，但是质量不过关，消费者还是会避而远之。而质优的产品，即便价格更高，消费者通常也会更愿意接受。质量代表着放心、安全、无风险。

例如，乐扣的水杯无论是密封性还是保温性都非常高。只要扣上了扣带出门，乐扣保温杯在包里无论是倒立还是横躺都不会漏一滴水；晚上灌满开水第二天起来水还是温的，因此得到很多客户的信赖。

（三）特色差异

随着市场竞争日益激烈，市场上同质化的产品也越来越多，企业要想脱颖而出，需得挖掘自身特色，开发与市场上其他竞品有差异的产品或服务。

比如一些家居产品通过开发设计有特色的创意，比如下图将餐桌的桌脚设计成气球造型，令人感觉餐桌玻璃是悬浮在气球上的，会令人眼前一亮。

气球造型的餐桌

（四）品牌形象

品牌是用以区别于其他竞争对手的商业名称及标志。品牌对于客户的吸引力在于，它代表了一种保证、一种标准、一份承诺。

消费者选择某一特定品牌，一是代表对此品牌的信任，因为选择品牌减少了客户可能会冒的风险。比如我们在挑选一些电脑、相机等3C产品的时候，品牌货会令人更放心。二是认可了此品牌的价值，品牌有助于提升客户的形象。品牌会将它的品牌价值传递到使用它的人们身上，品牌附加值是价格中一个重要的组成部分。例如一个使用奢侈品牌包的人，通常会希望别人从他们的包上认可他是具有较高购买力和品位的成功人士。

（五）包装

产品或服务的质量是否过关，需要消费者使用后才能够评价，客户对产品的第一印象，一般来自于产品的包装。

例如，一些土特产经过包装的升级，受到了更多年轻消费者的喜爱。

又如，中秋节的月饼，因为很多是作为馈赠的礼品，顾客往往会选择包装设计感更好的。

（六）附加价值服务

服务是指伴随着产品的出售，企业向客户提供的各种附加服务，如产品的介绍、送货、安装、调试、维修、技术培训、产品保证等。

例如，海底捞的口味也许不是火锅店中最出色的，但是却凭借“逆天”的服务成为餐饮行业的标志性企业。

（七）产品保障

随着购买的发生，风险也伴随其中。客户对买到不称心或质量不好的产品的担心，在一定程度上会限制了其购买欲望。而卖方的承诺可以起到一种保险作用，可以降低客户的购买心理压力，同时也体现了企业对自己产品的信心。

例如，电商推出的“七天无理由退换”“赠送运费险”，生鲜电商甚至推出到货“坏果包赔”，让消费者购买时没有后顾之忧。

二、价格策略（Price）

价格，对于企业而言，是出售产品或服务所追求的经济回报；对于客户而言，是为了获得产品或服务而要付出的经济代价。定价是否合理，直接影响客户最终是否进行消费。

（一）低价策略

低价策略，经常也称为折扣策略，即用较优惠的价格来吸引顾客购买。比如名创优品，就是以打破供应链底价的产品价格，获得快速发展。

（二）高价策略

高价策略，也称为声望定价。即一些客户在无法判断质量时，往往以价格的高低来判断产品的质量。比如迪拜的世界七星级帆船酒店。

（三）差别定价

客户差别定价是指针对不同客户制定不同的价格，以吸引特定类型的客户群。

企业可以依据客户、消费时间、消费量进行不同的差别定价。

例如，美容院为吸引新客，推出第一次进店顾客的特价服务，仅限一次，属于客户差别定价。

又如，KTV 在白天 11 点到晚上 6 点这样的闲暇时段，推出特惠包间的套餐，属于时间差别定价。

再如，成箱购买同样饮料的价格，低于单独按瓶单价乘以数量的价格，就是刺激消费量的差别定价。

（四）招徕定价

这是利用顾客求廉的心理，将某种产品以低于正常价格，甚至低于成本价格的定价发售，以吸引顾客。顾客选购了低价产品后，往往还会进行其他消费，从而使企业整体上获得盈利。

如餐厅推出非常优惠的特价菜，招徕客户进店，但限定每桌按人数只能选 1~2 盘特价菜，通常客户还会搭配其他正价菜，或者消费酒水，餐厅因此整体获利。

（五）关联定价

关联定价是指企业对有合作关联的企业的消费者给予的特定价格。例如，成为某个健身房的会员，则可以获得同商场素食沙拉店用餐 9 折的优惠，在沙拉店充值 500 元，则可以获得健身房月卡 8 折的优惠，这样健身房和沙拉店互相引流客户，实现“双赢”。

（六）结果定价

结果定价是指客户根据使用后获得效果付费的定价手段。这样可以最大限度地吸引客户无后顾之忧地进行消费，也体现了企业对自己产品或服务的信心。比如，人力资源公司根据替企业最终招聘到人数进行收费，广告公司根据替企业开展广告推广后业绩增长的百分比进行收费。

三、渠道策略（Place）

（一）便捷的销售点或服务点

提供水平相当的产品或服务的两家餐厅，一家就在你步行可达的繁华商圈，另外一家在 15 公里外的郊区，你会更愿意去哪一间呢？答案显而易见。销售点或者服务点是否让你的客户可非常便捷地到达，决定了客户获得产品或服务的时间成本、体力成本以及货币成本，这是客户选择哪一间企业的重要参考依据。

（二）运用新技术创造更有效的渠道

随着以互联网为代表的新信息技术的迅猛发展，以及各大产业的不断升级，企业可以通过更多灵活便捷的手段及技术，向自己的客户提供产品服务。

四、促销策略（Promotion）

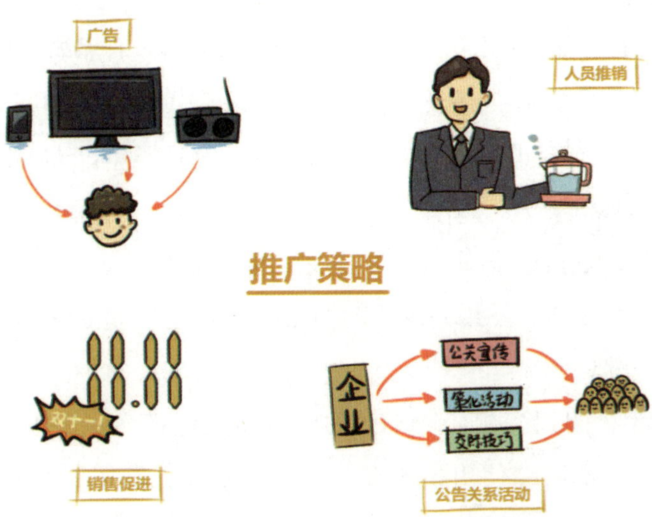

促销策略是指企业利用各种信息渠道，将企业及其产品或服务的信息传递给目标客户，并与目标客户沟通的传播活动，旨在引起客户注意，刺激客户的购买欲望和兴趣，使其从行动上与企业发生关联。常见的促销策略有以下的形式。

（一）广告

广告，顾名思义，就是广而告之，向社会广大公众告知某件事物。广告可以大范围地进行信息的传播。对于企业来说，做广告的优势也是非常明显的。

第一，广告可以提升产品销售量。消费者有渠道了解有关商品信息，企业的商品才有机会进入消费者的“购物车”。广告通过信息传播，可以目标客户进行产品或服务的解释、说明、提醒，让消费者了解其优点，刺激消费者的购买欲。

例如，“渴了喝红牛，累了困了更要喝红牛”，这则广告让红牛在短短的一两年里，让汽车司机、经常熬夜的工作人员、青少年运动爱好者，都成为红牛的忠实消费群体。“你的能力超乎你想象”的出世，更是奠定了红牛在功能饮料“代言人”的地位。

又如，“今年过节不收礼，收礼只收脑白金”，这句脍炙人口、家喻户晓的广告，把“送礼”与“脑白金”绑定在一起，慢慢成了送礼和收礼者的默契。这则广告让脑白金自 1997 年上市以来，已畅销中国二十多年。截至 2014 年，脑白金连续 16 年荣获保健品单品销量第一。

第二，广告还能够宣传企业文化、塑造品牌个性，增加产品的价值。

广告本身不能改变产品的品质，但是却能通过塑造独一无二的品牌个性在消费者心目中提升产品的价值。市场竞争日趋激烈，在产品高度同质化的今天，品牌日渐成为商家重要的竞争手段，而广告是塑造品牌个性最有力的手段。它使相同的商品具有与众不同的特性和品牌形象。

例如，农夫山泉最为脍炙人口的广告语——“农夫山泉有点甜”——被《人民日报》评选为 1999 年最好的广告语。借助这一广告语，农夫山泉不仅在口口相传中得到了广泛的传播，同时也传达了品牌的特点和优势，树立了一个非常好的品牌形象。

（二）公共关系活动

公共关系活动，是指企业采用各种公关宣传、策划活动、交际技巧来加强与社会公众之间沟通的一种活动。公共关系活动的目的通常是建立品牌形象，引导舆论导向，促进产品或服务销量。

例如，1985 年，刚到海尔任职不久的张瑞敏在巡视库房时发现 76 台存在缺陷的冰箱。有人说反正也不影响使用，便宜点儿处理给职工算了。当时一台冰箱价值 800

多元，相当于一名职工两年的收入。但张瑞敏不同意，他决定把这些冰箱全部砸掉，并且他自己抡起大锤先砸了第一锤。结果，这一锤砸出了中国冰箱行业第一块国家质量金奖。这让人们树立起海尔冰箱质量过关的认知。

（三）销售促进

销售促进是企业利用短期诱因，刺激客户购买的促销活动。常见的手段有免费试用，或者提供额外免费服务，赠送额外的奖金或礼品，赠送优惠券。每年的双十一、618 等都是电商平台联合商家刺激消费者购买的大型促销活动。

（四）人员推销

人员推销是一种具有很强人性因素的，独特的促销手段。它具备许多区别于其他促销手段的特点，可完成许多其他促销手段所无法实现的目标，其效果是极其显著的。人员推销可以较适于推销性能复杂的产品。当销售活动需要更多地解决问题和说服工作时，人员推销是最佳选择。说服和解释能力在人员推销活动中尤为重要，它会直接影响推销效果。

人员推销灵活性也非常高，可以 1 对 1，也可以 1 对多。现在一些新的商业模式，如电商主播直播，社群裂变转介绍，都是人员推销的新模式。

【案例学习】

江小白品牌 4P 营销策略

"江小白"白酒的 4P 营销画布

江小白的成功，不得不说是营销的成功。这款针对新青年的普通白酒一年可卖出几个亿，我们一起用 4P 营销组合来分析一下它做了什么（见下表）。

江小白 4P 营销分析

产品策略（Product）	定价策略（Price）	渠道策略（Place）	促销策略（Promotion）
产品定位清晰，将白酒卖给年轻人，面向新青年群体，主张简单、纯粹的生活态度。瓶身文案燃爆整个营销领域，靠江小白的人物形象和碎片化文案的设计来打动和服务于用户，俘获并牢牢抓住了“80后”“90后”年轻人的心。在产品的功能上，江小白背靠重庆，将品类定位在轻口味（小曲清香）休闲型小包装高粱酒，推出了100毫升包装和其他包装	放弃豪华包装，采用玻璃磨砂瓶，裸瓶销售。只有一款小曲清香型的产品，分为100毫升、125毫升、300毫升三种规格。江小白的产品价格定得比较低，一般不超过100元，毛利在30%左右（酒类毛利大多超过50%），价格亲民	江小白的分销渠道以一级为主，少数偏远地区采用两级方式。在未来拓展中，需要增加其分销渠道。与当地的酒店、餐馆建立长期合作关系，使之成为忠诚的分销商，并在各大商超设立专柜，近距离接触消费者	在广告宣传上，主要做的社交媒体的营销策略，例如属于新媒体的微信、微博营销。同时打造江小白瓶身广告的超级自媒体，然后根据江小白本身IP与在相同文化的文娱行业进行异业合作，打造江小白年轻品牌。 在公共关系营销上，在线上，几乎在每一个热点事件发生时，都能看到江小白的表态；在线下，利用微博互动作为线上工具，组织线下活动，并与线上形成互动，以增强粉丝黏性。比如“寻找江小白”，是要求粉丝将在生活中遇到的江小白拍下来，比如餐馆里的、超市里的、地铁广告上的，拍下来回传至互联网。 在人员推销上，以超市推销为主，结合车站、广场等人流量集中的地方在三八妇女节、国庆节、圣诞节、双十一等活动现场进行试喝、买卖的促销

拓展训练

营销画布练习

产品策略 Product	定价策略 Price	渠道策略 Place	渠道策略 Promotion

项目二

怎样设计完整的商业模式？

案例导入

怎样可以打败可口可乐？

Soda Stream 是一家气泡水机制造商。

这家企业生产的机器，旁边有个水瓶，还有苏打粉。当需要做汽水的时候，按一个按钮，苏打粉就会和水发生化学反应变成汽水。每个人喝汽水的口味都不一样，有的喜欢柠檬味，有的喜欢草莓味。这台机器里还有浓缩液，能够根据你的需求个性化定制，调成不同的味道。这家公司做得很成功，后来在美国纳斯达克上市了。

这家企业一上市就抢了可口可乐不少份额，可口可乐便开始关注它了。后来这家企业还做了一个广告，在一面墙上放了许多瓶瓶罐罐，而在另一面则放着它的一台机器。广告词写着：一个家庭 5 年时间，需要消耗 1 万多个瓶瓶罐罐。如果消费者是一个环保人士，看着这则广告就会想要买台机器取代瓶子，而不是消耗那么多瓶瓶罐罐污染环境。

后来可口可乐开始研究这则广告，试图找些疏漏。最终可口可乐的人发现，广告上把可口可乐的商标露了出来，这就构成了侵权，属于不正当竞争。于是可口可乐就起诉这家企业，结果这家企业的股票竟然还大涨了。

这是因为小企业原本是在小范围出名，可口可乐这样的大公司一起诉，就成了大家茶余饭后的谈资。后来大家试用了产品，觉得还不错，Soda Stream 就更加出名了。2018 年年底，Soda Stream 被百事集团以 32 亿美元收购。

（案例来源于网络）

问题探索：这家 Soda Stream 做对了什么让它能从可口可乐手中抢到一杯羹呢？

核心知识

一、商业模式的定义

当我们在谈论商业模式的时候，我们其实是在谈论什么呢？当我们摩拳擦掌要开始创业时，我们心中是不是已有一个清晰的商业逻辑了呢？瑞士学者亚历山大·奥斯特瓦德（Alexander Osterwalder）在总结了各种前人观点的基础上，认为商业模式描述的是一个组织创造、传递以及获得价值的基本原理。并且，他提出了一个商业模式的“通用语言”——商业模式画布。

视频讲解

二、商业模式画布及九大要素

亚历山大·奥斯特瓦德提出的商业模式画布出现后，受到了全球创业者和企业家的欢迎，达到了他一开始设计这个工具的初衷：简单、有效、直观、易于理解，又能够描述真实企业运行环境下的复杂情况。正如他所期待，商业模式画布成了一个使商业逻辑结构更清晰，使对商业模式的描述和探讨变得更容易的全球通用的语言。

商业模式画布由九大要素构成，包括客户细分、价值主张、渠道通路、客户关系、核心资源、关键业务、重要伙伴、成本结构和收入来源。这九大模块涵盖了一个商业体的四个主要部分：客户、产品或服务、基础设施以及金融能力。

商业模式画布可以用于几乎所有的商业领域。对于初创型企业或准备开始启动创业的创业者，都可以利用商业模式画布来分析其他成功企业的商业模式，借鉴学习，理清思路；更可以利用商业模式画布来设计、模拟自己企业的创新的商业模式。对于已经在运营的企业或机构，它可以帮助用来及时分析现行商业模式的逻辑，明晰企业和机构的核心目标，确认当下商业的优缺点和首要任务，及时调整，进行商业模式的创新。

商业模式画布

商业模式画布九大模块的具体内容如下。

（一）客户细分

客户是一个商业模式的核心，有了客户，才会有企业发展的根基。客户细分就是你要服务的对象。没有一个企业能够做尽天下所有的生意，没有一个机构能够满足所有类型顾客的需求。所以我们需要认真地思考并谨慎地选择我们的组织要服务于哪一个客户群体，以及忽略哪一个客户群体。为了更好地服务客户，企业按照客户的特征、行为、地域、年龄、性别、需求的不同，将客户分为不同的群体以区别传递价值的方式。

【案例学习】

华为手机的不同系列

华为品牌手机主要分为 P 系列、Mate 系列、麦芒系列、Nova 系列等，那么每个系列代表什么含义呢？下面分别简单介绍一下。

P 系列："P" 代表的意思就是铂金（Platinum），代表高端，目前和 Mate 系列是华为最重量级的双旗舰之一。P 系列侧重颜值、工艺、相机、性能等，始终把持手机摄像的最高水平。

Mate 系列："Mate" 英文意思是伴侣，代表常伴左右、亲如伴侣的意思。Mate 是华为最高端的系列，Mate 系列外观稳重大气又不失精细，配置性能均衡强悍，很多高端商务人士、政府官员和大老板都会选择 Mate 系列。

Nova 系列：Nova 为新星、年轻的意思，定位为“年轻手机”，专为乐活一族设计，产品主打“潮流时尚”设计，同步强化了拍照趣味性和音乐等体验，每一款都会请当红流量明星做代言人。

（二）价值主张

价值主张是指你的产品或服务满足了你细分的客户群体什么样的需求，为客户创造和传递了什么样的价值，帮助客户解决了他们什么样的问题？简单来说，价值主张就是给消费者一个理由，“我为什么要买你？”

有一个经典的说法，顾客不是想买一个直径五毫米的钻孔机，而是想要一个直径五毫米的钻孔。这说明，用户需要的不是产品或服务本身，而是产品或服务背后所带来的价值。

一个好的价值主张是基于对客户的理解上形成的。设计价值主张时，应尽量从客户的角度去分析对他们最重要的“工作”， 包括其能够帮助用户完成功能性、社会性或情感性工作，会关注客户最重要的一种或几种“痛点”以及最期待获得的“收益”。

（三）渠道通路

渠道通路指的是通过什么渠道与客户建立联系并传递其价值主张。简单地说，就是你如何把产品给到客户手里。

我们的目标客户群里在哪里可以获得我们的服务？

我们是如何去建立与客户的联系的？

我们的客户群体更喜欢通过哪种渠道与我们建立联系？

例如，当我们希望给客户提供“健康美味的食物”，我们可以选择通过自有实体店铺、网络销售、外卖配送等方式，还可以通过给合作方的店铺供货等不同的渠道使我们的客户获得产品。

（四）客户关系

客户关系指的是你和客户如何建立并维持关系。建立客户关系的目的，通常包括开发新的客户、维护老客户，增加单个客户的销售量。常见的客户关系的交互方式，包括销售人员的对应服务、专属客户经理、客户自助服务、建立用户社群、和客户共同开发创造等。

例如，在我们网购浏览的页面，会被平台的系统识别我们的个性化喜好和购买习惯，在后续会推送匹配客户喜好的其他物品到浏览页面，这就是自动化服务的客户关系。

（五）核心资源

核心资源描述的是保证一个商业模式顺利运行，使得价值主张在能够顺利传递给客户的过程中，你所具有的最重要的资产。简单地说，就是你有什么？

核心资源主要包括以下 4 点内容。

（1）实体的资源，比如设备、店面、仓储等。

（2）智力性的资源，比如专利、版权、IP、品牌、软件等。

（3）人力资源，比如核心科研人员、金牌销售团队等。

（4）财务资源，比如现金、股票、期权、信用额度及可以获得的贷款等。

（六）关键业务

关键业务描述的是一个企业必须采取什么具体的行动，以实现价值主张被客户获得。这是保障一个商业模式正常运作所必需的。简单地说，就是你需要做什么？

对于培训公司“新东方”来说，关键业务是课程体系的研发和客户的开发。

对于互联网公司“阿里巴巴”来说，一开始的关键业务是平台的搭建和推广。

对于“美的”“格力”等制造业公司来说，关键业务在于产品的创新研发和生产。

（七）重要伙伴

没有一个企业能脱离合作伙伴而孤立地存在于市场上。重要伙伴描述的是一个商业模式运行过程中，所需要开展合作的各类合作伙伴。

（八）成本结构

成本结构是指，在运作一个商业模式的过程中，发生的所有的成本的总和。开发客户及维护客户关系的成本、运作核心业务的流程成本、员工的工资、场地的租金、产品的研发等都是一个商业模式中可能会发生的成本。

（九）收入来源

收入来源是指，你从每个客户群体获得的所有经济利润。简单来说，就是你可以赚到哪些钱？

【案例学习】

江小白的商业模式

我们在上个项目中，分析了江小白如何利用 4P 营销理论开展市场营销的。现在我们就用商业模式画布来分析江小白整体的商业模式（见下表）。

江小白的商业模式

<table>
<tr>
<td rowspan="2">重要伙伴

1. 分销商，包括餐饮店，超市便利店、夜店、电商平台
2. 原料供应商
3. 社交媒体</td>
<td>关键业务

1. 白酒产品的酿造、生产、包装设计
2. 社交平台的互动营销
3. 深度分销</td>
<td rowspan="2">价值主张

寻求简单、时尚、有逼格、有自我生活态度的利口白酒</td>
<td>客户关系

1. 线上线下社群活动。在线下举办聚会活动，在线上与客户互动，增强体验
2. 文艺链接。拍摄《我是江小白》动漫，系列青春短片，影视作品植入广告等，通过“文艺”范的方式与客户沟通
3. 物料制作。为小饭馆制作精美的印有江小白卡通人物防水防油的菜单，降低与分销商的通道障碍，方便打通市场</td>
<td rowspan="2">客户细分

“80 后”“90 后”的青年人</td>
</tr>
<tr>
<td>核心资源

1. 酒庄
2. 种植基地
3. 酿酒人才及酿造技艺：拥有一支包括 3 名国家级白酒评委、4 名国家注册高级酿酒师在内的 20 多名专家组成的团队
4. 多半为“80 后”“90 后”营销、运营团队</td>
<td>渠道通路

1. 主要进行一级分销，深度挖掘餐饮渠道、便利店等线下
2. 仅在在偏远地区进行二级分销
3. 线上做电商平台销售、社群分销</td>
</tr>
<tr>
<td colspan="3">成本结构

1. 产品成本。裸瓶出售，包装成本低
2. 营销成本。以社交媒体互动营销事件策划为主，营销费用低
3. 渠道成本。终端餐饮，便利店以及电商互联
4. 社群营销。最多在偏远地区有二级分销，剩下了中间商的费用
5. 人员成本。酿造、生产、营销、运营等员工人力成本</td>
<td colspan="2">收入来源

“江小白”白酒销售的收入</td>
</tr>
</table>

思考：在设计项目的商业模式时，应从九大要素中的哪一个开始设计？

拓展训练

商业模式画布练习

完成本团队项目的商业模式画布。

商业模式画布 The Business Model Canvas

重要伙伴 Key Partners	关键业务 Key Activities	价值主张 Value Propositions	客户关系 Customer Relationships	客户细分 Customer Segments
	核心资源 Key Resources		渠道通路 Channels	
成本结构 Cost Structure			收入来源 Revenue Streams	

模块八

商业计划书

Part 08

项目一

商业计划书有什么用?

案例导入

一份创业计划敲开了一番事业

张华原毕业于某名牌大学，经过多年的业余研究，他在室内环境污染治理方面取得了一项重要突破，这项技术如果在实际中得到应用，前景将非常广阔。于是张华便辞去原来的工作，准备自己创业。但由于多年的积蓄都用在了室内环境污染治理的研究上，在七拼八凑注册了一家公司后，已经无力再招聘员工、买实验材料了。无奈之下，张华想到了风险投资基金，希望通过引入合作伙伴的方式解决困境。为此，他多次与一些风险投资机构或个人投资者接洽商谈，虽然张华反复强调他的技术多么先进，应用前景多好，并拍着胸脯保证投资他的公司回报绝对低不了，但总是难以令对方相信，而且他对于投资人问到的多数数据也没办法提供，如市场需求量具体有多少？一年可以有多大的销售量？投资后年回报率有多高等？现在就连招聘一些技术骨干也比较困难，这些人也总是对公司的前景缺乏信心。

这时，曾经在张华注册公司时帮助过他的一位做管理咨询的朋友一句话点醒了他，“你的那些技术有几个投资者搞得懂？你连一份像样的创业计划书都

没有，怎么让别人相信你？投资者凭什么相信你？”。于是，在向相关专家请教咨询后，张华又查阅了大量的资料，然后静下心来，从公司的经营宗旨、战略目标出发，对公司的技术、产品、市场销售、资金需求、财务指标、投资收益、投资者的退出等方面进行了分析和论证。当然在这个过程中，他还得不时搞一些市场方面的调查。一个月后他就拿出了一份创业计划书初稿，经过几位相关专家的指点，他又再次进行了修改和完善。凭着这份创业计划书，张华不久就与一家风险投资公司达成了投资协议。有了风险投资的支持，员工招聘问题也迎刃而解。

现在，张华的公司经营得红红火火，年销售利润已达到500万元。回想往事，张华感慨地说：“创业计划书的撰写与我搞的环境污染治理材料要求差不多，绝不是随便写一篇文章的事。撰写计划书的过程就是我不断理清自己思路的过程。只有企业家自己思路清楚了，才有可能让投资人、员工相信你。”

问题探索：创业是实践活动。为什么还需要在行动前撰写商业计划呢？计划是为谁而写？谁会看？

核心知识

一、什么是商业计划书

商业计划书（Business Plan），也称为创业计划书，通常简称BP，是对与创业项目有关的所有事项进行总体安排的文件，包括商业前景展望，人员、资金、物质等各种资源的整合，以及经营的思想、战略确定等，是为创业项目制定的一份完整、具体、深入的行动指南。

创业是充满不确定性的，为什么我们还要写一份商业计划书呢？撰写商业计划书的过程，其实是根据自身的实际情况，认真分析各种环境因素，选定自己的目标市场，梳理创业项目的基本逻辑的过程。我们走过了问题探索到创意方案，形成产品原型并进行了市场测试，学习了商业模式，商业计划书则是一份梳理这一创业思路，并规划未来发展计划的书面文件。它是创业者创业的蓝图，也是筹措创业资金的重要依据。

二、商业计划书的价值

（一）帮助创业者理清思路，准确定位

著名投资家克雷那 (Eugene Kleiner) 说："如果你想踏踏实实地做一份工作的话，写一份创业计划，它能迫使你进行系统的思考。有些创意可能听起来很棒，但是当你把所有细节和数据写下来的时候，它自己就崩溃了。"可能许多创业者在刚开始投入一项事业中去的时候凭借的仅仅是一腔的热情，然而当真正着手去做一些事情的时候，才会发现需要考虑的地方何止是一处两处。也许有一些创业者只是在自己的脑海里形成一副蓝图，但是如果要未雨绸缪，就需要制订一份创业计划书，这样就更不容易偏离自己原先预定的方向。

视频讲解

在创业融资之前，创业计划书应该首先是给创业者自己看的。办企业不是"过家家"。创业者应该以认真的态度对自己所有的资源、已知的市场情况和初步的竞争策略做尽可能详尽的分析，并提出一个初步的行动计划，通过创业计划书做到使自己心中有数。

另外，创业计划书还是创业资金准备和风险分析的必要手段。对初创的风险企业来说，创业计划书的作用尤为重要，一个酝酿中的项目，往往很模糊，通过制订创业计划书，把正反理由都书写下来，然后再逐步推敲，创业者就能对这一项目有更加清晰的认识。可以这样说，创业计划书首先是把计划中要创立的企业推销给创业者自己。

（二）帮助创业者获得创业融资

一位投资家曾经说过："企业邀人投资或加盟，就像向离过婚的女士求婚一样，而不是像和女孩子初恋。双方各有打算，仅靠空口许诺是无济于事的"。对于正在寻求资金的创业者来说，创业计划书的好坏往往决定了融资的成败。

除了使创业者更加了解自己要做的事情外，创业计划书更多的还是让别人看的，尤其是给那些能给创业者提供一定资金帮助的人。所以，创业计划书的另外一个重要作用就是帮助创业者把计划中的企业推销给风险投资家。因此，创业计划书还要说明创办企业的目的，创办企业所需的资金，为什么投资人值得为此注入资金等一些问题。

此外，对于已建立的创业企业来说，创业计划书还可以为企业的发展定下比较具体的方向和重点，从而使员工了解企业的经营目标，并激励他们为共同的目标而努力。更重要的是，它可以使企业的出资者以及供应商、销售商等了解企业的经营状况和经营目标，说服出资者（原有的或新来的）为企业进一步发展提供资金。

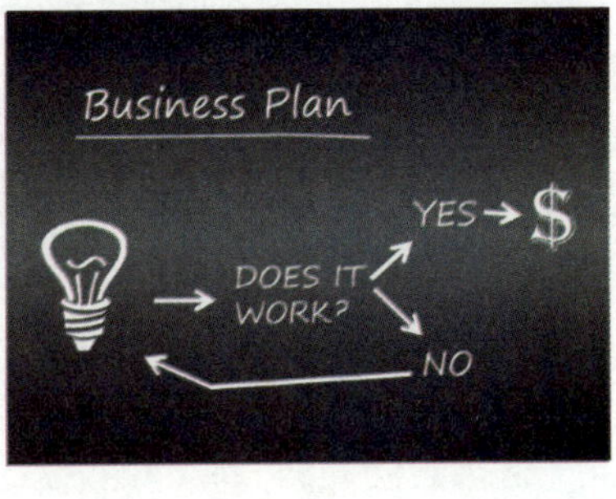

拓展训练

思考一下哪些人物（或角色）会关注你的商业计划书，他们可能最关注你的计划书中的哪些内容？请在白纸上围绕着商业计划书，尽可能多地列出他们的身份与最大的关注点。

项目二

如何写好一份商业计划书？

案例导入

好的商业计划书就是一个好的故事

志鹏是一名大专学生，受家庭环境影响，志鹏自小就随父母做点小生意，打下手、跟跟班，养成了自立且独立思考的个性。早在读高中时，就一直有一个创业的小点子但一直没机会展示出来。最近他就读的学校团委号召大家踊跃参加一个创业大赛，参赛者必须提交一份创业计划书。他想借此机会历练一下，让专家们评审一下他的创业点子的可行性。但是，该如何才能写好一份创业计划书呢？他上网搜索，发现很多商业计划书的写作教程，无非是“创业计划书模板免费下载”，“一份2000万元的计划书是怎样炼成的”之类。志鹏找来一帮小兄弟组成了一个创业小组，把模板的内容分了一下工去编写，然后他负责集成为一份完整的创业计划书。他把第一稿交给了指导老师李老师。李老师翻阅了一下后，基本赞许了他的创业方向，但发出了一个灵魂拷问：大

赛的评委专家们，每年收到数不清的创业计划书，每一篇都大同小异，他还会有兴趣对你的项目深入了解么？可以想象一下，每一份创业计划书背后都是一个创业的故事；每一份创业计划书都有其独特性。创业计划书的标准模板就像是一个躯壳，缺少一点有血有肉的表达，完全照搬格式的商业计划书打动不了自己，不能让自己兴奋，谈何让你的投资人兴奋？

志鹏明白了：一个好的商业计划书就是一个好的故事。他决定回去好好修改一下，在保证一份计划书的基本信息完整性的前提下，运用自己独特的叙述思路和呈现方法，让自己的创业计划书成为耀眼的那颗星。

问题探索：能否用语言清晰地描述出项目团队发现的问题是什么，有什么方案解决？目前进展到什么程度？希望实现什么？需要哪些资源，如何才能实现？

核心知识

一、商业计划书的撰写指引

（一）基本原则

1. 目标性

创业的目的不仅是追求企业的发展，而且要有创造利润的可能，要突出经济效益。

视频讲解

2. 完整一致性

完整陈列运营计划，涵盖创业经营的各项功能要素，前后基本假设或预估相互呼应、逻辑合理。

3. 优势竞争性

要突现出资源、经验、产品、市场及经营管理能力的优势。

4. 团队和谐性

展现组建经营团队的思路、人员的互补作用。尽可能突出专家的作用，高管人员的优势、专业人才队伍的水平，明确领军人物。

5. 市场导向性

明确市场导向的观点，明确指出企业的市场机会与竞争威胁，把握并充分显示对于市场现状的掌握与未来发展预测的能力。

6. 客观实际性

一切数字尽量客观、实际，以具体资料为证，并尽量同时分析可能采用的解决方法。切勿凭主管意愿估计，高估市场潜量或报酬，低估经营成本，夸大其词。工作安排应循序渐进，有条不紊，可操作性强。

（二）撰写商业计划书的注意事项

1. 尽量精炼，突出重点

撰写商业计划书的目的是为了让投资者了解商业计划，其内容必须紧紧围绕这一主题，开门见山，使投资者在最少时间内了解最多的关于商业计划的内容。如要第一时间让读者知道公司的业务类型，避免在最后一页才提及经营性质；要明确阐明公司的目标及为达到目标所制定的策略与战术；陈述公司需要多少资金以及时间和用途，并给出一个清晰和符合逻辑的让投资者撤资的策略。一般摘要以 2 页为佳，主体内容以 7~10 页为佳；注重企业内部经营计划和预算的撰写，而一些具体的财务数据则可留待下一步会见时面谈。

2. 换位思考

撰写商业计划书的一个重要方法就是换位思考，即融资者要设身处地，假设自己是一位战略合伙人或风险投资人，自己所最关心的问题是什么，自己判断的标准是什么。也就是说，要按照阅读商业计划书的读者的思路去写作商业计划书，这样就会弄清哪些是重点，应该具体描述，哪些可以简单描述，哪些是不必要的东西，从而获得投资者的青睐。

就此来说，撰写商业计划书应忌讳用过于技术化的用词来形容产品或生产营运过程，而尽可能用通俗易懂的条款，使读者容易理解。

3. 以充分的调查、数据、信息为基础

市场销售是投资获利的基础，对此，融资人要充分考察市场的现实情况，广泛收集有关市场现有的产品、现有竞争、潜在市场、潜在消费者等具体信息，使市场预测建立在扎实的调查、数据之上；否则后面的生产、财务、投资回报预测就都成了空中楼阁。为此，商业计划书中忌用含糊不清或无确实根据的陈述或预算表。

同时，在收集资料时，一定要做到客观公正，避免只搜集对自己有利的信息，而不去搜集或者故意忽略对自己不利的信息。一般来说，战略投资者或风险投资家都是一些非常专业的人士，提出的问题会非常尖锐，如果只收集对自己有利的信息，在遇到质疑时就会显得考虑和准备不充分。

4. 实事求是，适度包装

商业计划书的作用固然重要，但它仍然只是一个敲门砖。过度包装是无益的，企

业应该在盈利模式打造、现场管理、企业市场开拓、技术研发等方面下硬功夫。否则，即使有了机会，也把握不住。

5. 不过分拘泥于格式

商业计划书固然有很多约定俗成的格式，但很多资金供给方在实际运作中正在忽略这种格式。他们直接关注几个关键点，关注他们想看到的东西。因此，企业在组织撰写商业计划书的过程中，不要过分拘泥于固定的格式，只需把企业的优势、劣势都告诉别人，就可能是最后的赢家。

6. 开门见山，打动人心

要开门见山地切入主题，用真实、简洁的语言描述你的想法，不要浪费时间去讲与主题无关的内容，并要表现你的语言的煽动力，从而展现你的领导才能。

7. 注意细节，自信诚恳

尽可能地搜集更多资料，对于市场前景、竞争优势、回报分析等要从多角度加以分析和总结；对于可能出现的困难或问题要有足够的认识和预估，同时准备多位顾客的事前采购协议，帮助投资者强化项目可行性认识。

8. 脉络清楚，条理分明

尽可能按照如何实现营业循环和盈利来设计商业计划书，这样能够让你的条理性更清楚。投资者往往会在商业计划书看到一半的时候，向你提问前面或后面的问题，甚至是你没有想到的新问题。如果没有成熟的思考脉络，很可能无言以对。

二、商业计划书的基本框架

商业计划书通常包括封面、保密要求、目录、摘要、正文（综述）、附录六个部分。

（一）封面（标题页）

标题页可以放一张企业的项目或产品彩图，但需留出足够的版面排列以下内容：商业计划书编号、公司名称、项目名称、项目单位、地址、电话、传真、电子邮件、联系人、公司主页、日期等。

（二）保密要求

保密要求可放在标题页，也可放在次页，主要是要求投资方项目经理妥善保管商业计划书，未经融资企业同意，不得向第三方公开商业计划书涉及的商业秘密。

（三）目录

目录标明各部分内容及页码，要注意确认目录页码同内容的一致性。

（四）摘要

摘要是对整个创业计划书的概括，目的在于用最简练的语言将计划书的核心、要点、特色展现出来，吸引阅读者仔细读完全部文本。因而一定要简练，一般要求在两页纸内完成。摘要十分重要，它是出资者首先要看的内容，因而必须能让读者有兴趣并渴望得到更多的信息。摘要应从正文中摘录出投资者最关心的问题：包括对公司内部的基本情况、公司的能力以及局限性、公司的竞争对手、营销和财务战略、公司的管理队伍等情况的简明而生动的概括。如果公司是一本书，它就像是这本书的封面，做得好就可以把投资者吸引住。

（五）正文

正文是商业计划书的主体部分，要分别从公司基本情况，经营管理团队，产品/服务，技术研究与开发，行业及市场预测，营销策略，产品制造，经营管理，融资计划，财务预测，风险控制等方面对投资者关心的问题进行介绍，要求既有丰富的数据资料，使人信服，又要突出重点、实事求是。

（六）附录

附录是对正文中涉及的相关数据、资料的补充，作为备查。

三、商业计划书正文内容结构

（一）摘要

摘要列在商业计划书的最前面，一般要包括以下内容：公司介绍、主要产品和业务范围、市场概貌、营销策略、销售计划、生产管理计划、管理者及其组织、财务计划、资金需求状况以及企业长期发展目标等。

视频讲解

在介绍企业时，首先要说明创办新企业的思路以及企业的目标和发展战略。其次，要交代企业现状、过去的背景和企业的经营范围。最后，还要介绍一下风险企业家自己的背景、经历、经验和特长等。企业家的素质对企业的成败往往起着关键性的作用。在这里，企业家应尽量突出自己的优点并表示自己强烈的进取精神，以给投资者留下一个好印象。

在商业计划书的摘要中，企业还必须要回答下列问题。

（1）企业所处的行业，企业经营的性质和范围。

（2）企业主要产品的内容。

（3）企业的市场在哪里，谁是企业的顾客，他们有哪些需求。

（4）企业的合伙人、投资人是谁。

（5）企业的竞争对手是谁，竞争对手对企业的发展有何影响。

（6）如何投资、投资数量和方式。

（7）投资回报及安全保障。

摘要尽量简明、生动。特别要详细说明自身企业的不同之处以及企业获取成功的市场因素。力求精益求精，形式完美，语句清晰流畅而富有感染力，以引起投资人阅读商业计划书全文的兴趣。

（二）产品 / 服务

在进行投资项目评估时，投资人最关心的问题之一就是：风险企业的产品、技术或服务能在多大程度上解决现实生活中的问题；或者，风险企业的产品 / 服务能否帮助顾客节约开支，增加收入。产品介绍应包括以下内容：产品的概念、性能及特性，主要产品介绍，产品的市场竞争力，产品的研究和开发过程，发展新产品的计划和成本分析，产品的市场前景预测，产品的品牌和专利。这一部分是向战略合伙人或者风险投资人介绍融资企业或项目的基本情况。具体而言，如果企业处于种子期或创建期，现在也只有一个美妙的商业创意。那么，应重点介绍创业者的成长经历、求学过程，并突出其性格、兴趣爱好与特长，创业者的追求，独立创业的原因以及创意如何产生的。

如果企业处于成长期，应简明扼要介绍公司过去的发展历史、现在的状况以及未来的规划。

在产品 / 服务介绍部分，企业家要对产品 / 服务做出详细的说明，说明要准确、通俗易懂，产品介绍都要附上产品原型、照片或其他介绍。一般来说，产品介绍必须要回答以下问题。

（1）顾客希望企业的产品能解决什么问题，顾客能从企业的产品中获得什么好处？

（2）企业的产品与竞争对手的产品相比有哪些优缺点，顾客为什么会选择本企业的产品？

（3）企业为自己的产品采取了何种保护措施，企业拥有哪些专利、许可证，或与已申请专利的厂家达成了哪些协议？

（4）为什么企业的产品定价可以使企业产生足够的利润，为什么用户会大批量地购买企业的产品？

（5）企业采用何种方式去改进产品的质量、性能，企业对发展新产品有哪些计划等。

（三）管理团队介绍

管理团队是投资者非常看重的，这部分主要是向投资者展现企业管理团队的结构、管理水平和能力，职业道德与素质，使投资者了解管理团队的能力，增强投资信心。

这部分主要介绍管理团队、技术团队、营销团队的工作简历、取得的业绩，尤其是与目前从事工作有关的经历。在编写过程中，首先，必须对公司管理的主要情况做一个全面介绍：企业的管理人员的性格特质应该是互补型的，而且要具有团队精神。此外，在这部分商业计划书中，还应对公司组织结构做一个简要介绍。

在商业计划书中，必须阐明企业的管理结构及主要管理人员的相关情况，重点展示管理团队的凝聚力和战斗力，使战略伙伴和风险投资人了解企业的管理团队是由一批具有丰富的管理经验和有较高职业道德的人士组成的。优秀的管理团队将确保企业紧紧抓住好的商业机会以有效的方式实现企业的经营目标。

1. 管理机构

创业者首先要全面介绍企业管理团队的主要情况，包括公司的主要股东及他们的股权结构，董事和其他一些高级职员、关键雇员以及公司管理人员的职权分配和薪金情况，然后将管理机构、股东情况、董事情况、各部门的构成情况等，以书面形式清晰地展示出来。

2. 关键管理人员

要详细介绍公司的重要成员，包括他们的职务、工作经历和经营业绩，受教育程度等，特别是有关专业知识技能和成就；描述管理团队中每个关键人员的确切职责。

3. 激励和约束机制

要说明企业准备设立哪些机构，各机构配备多少人员及成员的年收入情况；是否考虑员工持股问题。如果考虑，就需要说明股票期权实施办法和红利分配原则；企业如何对加盟员工进行持久激励；阐明企业内部的约束机制和外部约束机制。

（四）行业、市场分析预测

1. 行业分析

对企业所在行业基本情况，企业的产品或服务的现有市场情况、未来市场前景进行分析，使投资者对产品或服务的市场销售状况有所了解。这是投资者关注的重点问题之一。行业分析主要介绍行业发展趋势、行业发展中存在的问题、国家有关政策、市场容量、市场竞争情况、行业主要盈利模式、市场策略等。

2. 市场分析

（1）已有的市场用户情况。已有市场用户情况，要分析公司在以往经营中拥有了什么样的用户以及有多少用户？市场占有率如何？是否已经建立了完整的市场营销渠道。

（2）对需求进行预测。市场是否存在对这种产品的需求？需求程度是否可以给企业带来所期望的利益？新的市场规模有多大？需求发展的未来趋向及其状态如何？影响需求都有哪些因素？新产品的潜在目标顾客和目标市场是什么？

（3）市场竞争的情况。竞争对手分析，主要包括以下几点内容。

①有没有行业垄断。

②从市场细分看竞争者市场份额。

③主要竞争对手情况：公司实力和产品情况（种类、价位、特点、包装、营销、市场占有率等）。

④潜在竞争对手情况和市场变化分析。

⑤公司产品竞争优势。

为此，企业首先应尽量扩大收集信息的范围，重视对环境的预测和采用科学的预测手段和方法。让投资者相信，你的预测是建立在尽可能的科学基础之上的。其次，要注意自己所假设的一些前提条件(特别是宏观经济发展、消费者偏好、消费能力等)，并且要根据前提条件可能发生的变化对市场前景预测做出必要的调整。千万不能单凭想象，做出不切实际的美好前景估计。

（五）市场营销

对创业企业来说，由于产品和企业的知名度低，很难进入其他企业已经稳定的销售渠道中去。因此，企业不得不暂时采取高成本低效益的营销战略，如上门推销，大打商品广告，向批发商和零售商让利，或交给任何愿意经销的企业销售。对发展企业来说，它一方面可以利用原来的销售渠道，另一方面也可以开发新的销售渠道以适应企业的发展。企业的盈利和发展最终都要拿到市场上来检验，营销成败直接决定了企业的生存命运。

营销策略的内容应包括：营销机构和营销队伍的建立，营销渠道的选择和营销网络的构建，广告策略和促销策略，价格策略，市场渗透与开拓计划，市场营销中意外情况的应急对策等。在介绍市场营销策略时，创业者要讨论不同营销渠道的利弊，要明确哪些企业主管专门负责销售，主要适用哪些促销工具，以及促销目标的实现和具体经费的支出等。

一般来说，中小企业可选择的市场营销策略有以下几种。

（1）集中性营销策略，即企业只为单一的、特别的细分市场提供一种类型的产品(如制造汽车配件)。这种方法尤其适用于那些财力有限的小公司，或者是在为某种特殊类型的顾客提供服务方面确有一技之长的组织。

（2）差异性营销策略，即为不同的市场设计和提供不同类型的产品。这种战略大多为那些实力雄厚的大公司所采用。

（3）无差异性营销策略，即只向市场提供单一品种的产品，希望它能引起整体市场上全部顾客的兴趣。当人们的需求比较简单，或者并不被人们认为很重要时，该策略较为适用。

（六）生产计划

商业计划书中的生产制造计划应包括以下内容：产品制造和技术设备现状、新产品投产计划、技术提升和设备更新的要求，质量控制和质量改进计划。

在寻求资金的过程中，为了增大企业在投资前的评估价值，风险企业家应尽量使生产制造计划更加详细、可靠。一般来讲，生产制造计划应回答以下问题：企业生产制造所需的厂房、设备情况如何，怎样保证新产品在进入规模生产时的稳定性和可靠性；设备的引进和安装情况；谁是供应商；生产线的设计与产品组装是怎样的；供货者的前置期和资源的需求量；生产周期标准的制定以及生产作业计划的撰写；物料需求计划及其保证措施；质量控制的方法是什么以及相关的其他问题。

生产制造计划旨在使投资者了解产品的生产经营状况。这一部分应尽可能把新产品的生产制造及经营过程展示给投资者。主要的内容包括以下几个方面。

（1）公司现有的生产技术能力，企业生产制造所需的厂房、设备情况。

（2）质量控制和改进能力。

（3）新产品的生产经营计划，改进或将要购置的生产设备及其成本。

（4）现有的生产工艺流程，生产周期标准的制定及生产作业计划的撰写。

（5）物资需求计划及其保证措施，供货者的前置期和资源的需求量。

（6）劳动力和雇员的有关情况。

（七）财务分析与规划

1. 财务分析工具

反映财务盈利能力的指标	反映项目清偿能力的指标	不确定性分析
财务内部收益率 投资回收期 财务净现值 投资利润率 投资利税率 资本金利润率	资产负债率 流动比率 速动比率 固定资产投资借款偿还期	盈亏平衡分析 概率分析 敏感性分析

2. 财务规划

财务规划需要花费较多的精力来做具体分析，其中就包括现金流量表、资产负债表以及损益表的撰写。流动资金是企业的生命线，因此企业在初创或扩展时，对流动资金需要有预先周详的计划和进行过程中的严格控制；损益表反映的是企业的盈利状况，它是企业在一段时间运作后的经营结果；资产负债表则反映某一时期的企业状况，投资者可以用资产负债表中的数据得到的比率指标来衡量企业的经营状况以及可能的投资回报率。

财务规划一般要包括以下内容。

（1）创业计划书的条件假设。

（2）预计的资产负债表、预计的损益表、现金收支分析，资金的来源和使用。

可以这样说，一份商业计划书概括地提出了在筹资过程中风险企业家需做的事情，而财务规划则是对商业计划书的支持和说明。因此，一份好的财务规划对评估风险企业所需的资金数量，提高风险企业取得资金的可能性是十分关键的。如果财务规划准备的不好，会给投资者以企业管理人员缺乏经验的印象，降低风险企业的评估价值，同时也会增加企业的经营风险。那么该如何制订好财务规划呢？这首先要取决于风险企业的远景规划是为一个新市场创造一个新产品，还是进入一个财务信息较多的已有市场。

企业的财务规划应保证和商业计划书的假设相一致。事实上，财务规划和企业的生产计划、人力资源计划、营销计划等都是密不可分的。要完成财务规划，必须要明确下列问题。

（1）产品在每一个期间的发出量有多大？

（2）什么时候开始产品线扩张？

（3）每件产品的生产费用是多少？

（4）每件产品的定价是多少？

（5）使用什么分销渠道，所预期的成本和利润是多少？

（6）需要雇用哪几种类型的人？

（7）雇用何时开始，工资预算是多少等。

（八）融资计划

融资计划主要是根据企业的经营计划提出企业资金需求数量，融资的方式、工具，投资者的权益、财务收益及其资金安全保证，投资退出方式等。它是资金供求双方共同合作前景的计划分析。

融资计划的主要内容包括如下几个方面。

（1） 融资数额是多少？已经获得了哪些投资？希望向战略合伙人或风险投资人融资多少？计划采取哪种融资工具，是以贷款、出售债券，还是以出售普通股、优先股的形式筹集？

（2）公司未来的资本结构如何安排？公司的全部债务情况如何？

（3）公司融资所提供的抵押、担保文件，包括以什么物品进行抵押或者质押，什么人或者机构提供担保？

（4）投资收益和未来再投资的安排如何？

（5）如果以股权形式投资，双方对公司股权、控制权、所有权比例如何安排？

（6）投资者介入公司后，公司的经营管理体制如何设定？

（7）投资资金如何运作？投资的预期回报？投资者如何监督、控制企业运作等？

（8）对于吸引风险投资的，风险投资的退出途径和方式是什么，是企业回购、股份转让还是企业上市？

这部分是融资协议的主要内容，企业既要对融资需求、用途提出令人信服的理由，又有令人心动的投资回报和投资条件，同时也要注意维护企业自身的利益。其基础是企业的财务分析与预测。

由于与资金供给方合作的模式可能有多种，因此还需设计几种备选方案，给出不同盈利模式下的资金需要量及资金投向。

（九）风险分析

这部分内容主要是向投资者分析企业可能面临的各种风险隐患，风险的大小以及融资者将采取何种措施来降低或防范风险、增加收益等。主要包括以下内容。

（1）企业自身各方面的限制，如资源限制、管理经验的限制和生产条件的限制等。

（2）创业者自身的不足，包括技术上的、经验上的或者管理能力上的欠缺等。

（3）市场的不确定性。

（4）技术产品开发的不确定性。

（5）财务收益的不确定性。

（6）针对企业存在的每一种风险，企业进行风险控制与防范的对策或措施。

对于企业可能面临的各种风险，融资者最好采取客观、实事求是的态度，不能因为其产生的可能性小而忽略不计，也不能为了增大获得投资的机会而故意缩小、隐瞒风险因素，而应该对企业所面临的各种风险都认真地加以分析，并针对每一种可能发生的风险做出相应的防范措施。这样才能取得投资者的信任，也有利于引入投资后双方的合作。

（十）附录

这部分是与企业计划相关但又不宜放在前面的一些内容。如企业的组织结构图、产品说明书或照片、设施或技术的分析、现金流量表、资产负债表等。通常，附录对于提高创业计划的质量有着重要的作用，对于创业者获取外部资源的支持有着特殊的意义。

四、创业计划书的 PPT 版本

（一）创业计划书的 Word 版 VS PPT 版本

很多创新创业竞赛，在书面网评环节，需要项目团队提交一份商业计划书的 Word 版以及一份 PPT 版本。你认为在评委专家评审时，会先看 PPT 版本，还是先看 Word 版本呢？

事实是，你做了充分调研的几万字的文字版的商业计划书，也许都不会被评委打开。一些评委倾向于先看其 PPT 版本，包括在创业项目实际寻求投资的过程中，投资人也是青睐于看 PPT 版本。这是由于投资人和评委每天要看大量的 BP，他们希望在尽可能短的时间内快速做出判断，这是不是一个他们值得去跟踪的项目，或者是不是一个可以给予晋级下一轮比赛的项目。因此看完 PPT 版本，如果觉得项目有价值，希望更深入地了解，或者需要从详细的文字版中得到更多 PPT 版本的支撑材料时，很多投资人和评委才会去花更多时间看 Word 版本。因此一份简明扼要、页面精美的 PPT 版本，需要非常用心地制作。

然而在我们准备材料的过程中，应该是先做详细的 Word 版本，这个版本形成不但是给投资人看的，更是自己理清思路的过程，随后再根据使用场景的需要，浓缩成精华的 PPT 版本。

PPT 版本

Word 版本

（二）商业计划书的 PPT 版本 VS 商业路演 PPT

同样都是PPT版本，是不是准备一份就可以通用呢？事实上PPT使用的场景不同，功能也不同，准备时候的侧重也应该有所不同。

商业计划书PPT版本一般用于早期和投资人不见面时的交流，比如通过邮箱或者由朋友发给投资人；或者是参加创新创业竞赛，作为网评环节时提交的项目资料。在这个环节，你不能与评委和投资人面对面交流，因此你的PPT应该代替你与投资人沟通。因此，核心的介绍、有力的数据、清晰的逻辑和必要的文字都应该在PPT中呈现。

而作为路演的PPT，因为此时项目团队已经获得了亲自面见投资人或评委的机会，可以用现场的展示来传递信息，PPT此时成了沟通的辅助。因此应该尽量减少大段的文字描述，让PPT更加简明、更加可视化，体现出“强有力的点”以支撑演讲人的路演。

拓展训练

创业团队在原创业想法或创业模式基础上，根据创业计划书内容框架撰写一份精简版创业计划书 Word 版及一份 PPT 版。

模块九

商业路演

Part 09

项目一

如何做好路演资料的准备？

案例导入

“趣弹音乐——尤克里里轻乐器在线教育服务平台”路演视频

在第四届中国“互联网 +”大学生创新创业大赛中，来自广西师范大学创新创业学院的“趣弹音乐——尤克里里轻乐器在线教育服务平台”项目以文创类项目第一名的成绩荣获金奖，这也是广西高校唯一获主赛道金奖的项目。

“趣弹音乐”是一个社群式的尤克里里在线教育平台。项目的主旨是希望每一个喜欢音乐的人都学会一门乐器。从 2012 年创办尤克里里校园社团到在校外建立培训教室，至 2016 年年底创办“趣弹音乐——在线教学平台”，相较于一对一模式，“趣弹音乐”采用“内容库 + 督导班”的模式，帮助用户完成“学 + 练”的课程目标。

“趣弹音乐”创始人帅圳兴：“大一的时候，刚好尤克里里这个乐器进入中国，我就带了一把在学校玩。后来，周边的很多同学都特别感兴趣，于是我就成立了自己的社团。因为它是个新型乐器，我们觉得它市场空间很大，所以就决定把这个当作我们的真正创业项目。”

“趣弹音乐”之所以能脱颖而出，与其精准的市场定位、清晰的商业逻辑、成熟的运营模式密不可分，当然也和现场体现出的青春活力、热情洋溢，以及和“在完整地阐述完项目信息后，拿出一把尤克里里现场弹奏，引发共鸣”的精心设计有关。

（资料来源于网络）

问题探索：你认为一次“夺目”的路演应该准备哪些材料？

核心知识

路演是指在公共场所进行演说、演示产品、推介理念，及向他人推广自己的公司、团体、产品、想法的一种方式。

竞赛路演则是指竞赛选手面向评委对自己的参赛内容进行演讲和阐述。

一、路演 PPT

视频讲解

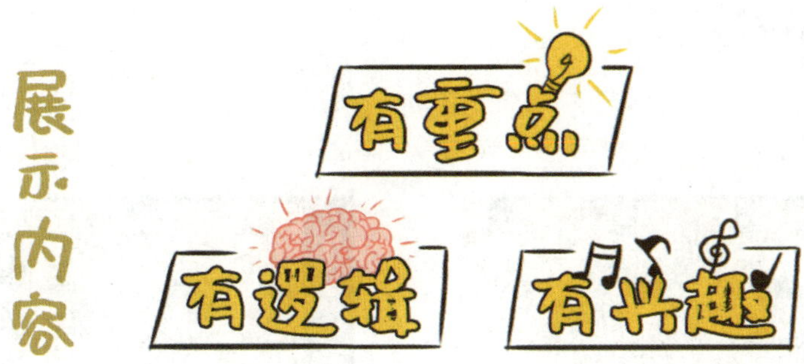

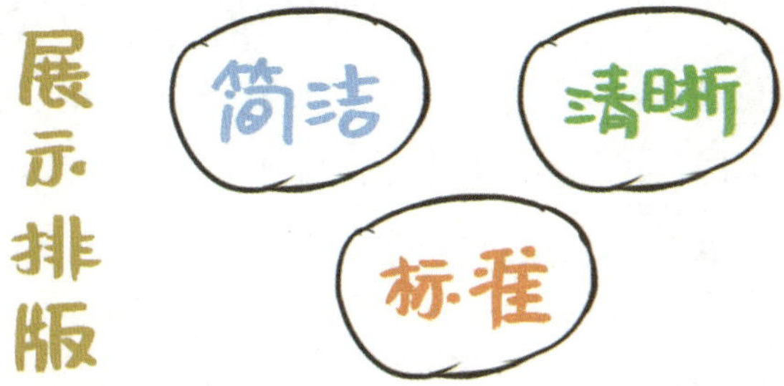

路演的第一目的——让台下的人在最短的时间内听明白“我”是谁、我的项目是什么、为哪类客户服务、提供什么服务、满足什么需求、现在成果如何，然后就是尽一切办法让他们记住你、选择你。

（一）PPT 制定细节

1. PPT 尺寸

PPT 常见的尺寸有 16:9 和 4:3，建议大家制作 PPT 时将 PPT 尺寸设置为 16:9。许多同学会把 PPT 尺寸设置为 4:3，这就会导致路演时 PPT 两边会留下大块黑色区域，非常影响美观。

下面以美食类创业项目 PPT 为例。

PPT 尺寸为 16:9

PPT 尺寸为 4:3

我们可以看到，4:3 的尺寸偏正方形，16:9 的尺寸更偏长方形。相较于 4:3，16:9 的尺寸可以填充整个屏幕，不会在两边留下黑色区域，在视觉上更能给人一种沉浸和投入的效果。这也是为什么电影的尺寸都是偏长方形的。

调整 PPT 尺寸的步骤：选择菜单栏中的“设计”→“页面设置”→“幻灯片大小”→“全屏显示（16:9）”选项。（但也要根据具体的比赛要求而进行设置，最好准备多尺寸版本的 PPT，有备无患。）

2. 路演时长

制作 PPT 之前，要先确定自己的路演时长，这样就能够对路演 PPT 制作有一个初步的页数概念。

比如 8 分钟的比赛路演和 4 分钟的项目路演之间就会有很大的区别：时间越短，对于 PPT 的页数和凝练程度就会有更高的要求；时间越长，就要考虑哪些出彩的地方可以在规定时间范围内做完善和补充。

在制作 PPT 时，如果没有时间概念，就会没有取舍，容易导致 PPT 里的内容没有重点，没有核心，甚至会出现路演超时或是演讲语速过快的情况。有时候可以在 PPT 制作完成之后，反复试练和修改，使内容在规定时间内可以有最好和最大程度的呈现。

3. 框架逻辑

好的路演 PPT 都是逻辑清晰、结构完整的，所以在制作 PPT 之前要先对 PPT 的内容和逻辑做一个架构。

例如，在创新创业比赛中（如“互联网 +”“挑战杯”“发明杯”等），参赛者需要将商业计划书、调研报告、创意方案等转化成路演 PPT，这些都需要提前设计好一个路演的逻辑思路。

情形一：加入目录页或者分隔页。

加入目录页或者分隔页，有一个好处就是能让整体内容有区分、架构更清晰，比较适合页数较多的 PPT。

情形二：不加目录页或者分隔页。

不加目录页或者分隔页，有一个好处就是中间会更连贯，但是这对演讲者对项目内容的整体逻辑把握要求更高。

例如，有些创业 PPT 只有几页，市场痛点、商业模式、盈利模式、客户分析、推广方案、财务分析、融资计划……顺畅连贯地就可以将项目阐释清晰，就不需要再加目录页或分隔页了。

4. 选择主题

路演的 PPT 模版可以选择从网上下载或自己制作。在自己制作 PPT 时，应注意整体风格的统一，否则观看者会眼花缭乱、无所适从。主题的选择包括选择主题图片和主题色。主题色可以有很多选择，只要整体美观，不影响观看就可以了。如果无法驾驭，就不要选一些太辣眼的颜色。整体排版用色和文字用色要“统一风格、符合项目”。

5. 排版美观

排版是 PPT 设计和制作中最关键的环节，其要点有：加大对比的力度；让视觉元素重复出现，保持一致；任何元素都不能随意摆放，必须与同页面的另一个元素有某种视觉联系；避免使用居中对齐；避免使用复杂或延时较长的动画效果。

配色：配色与核心业务相得益彰。

字体：字体稍微大些比较好，不低于 16 磅；不建议使用默认的、平庸的宋体；不建议使用标新立异的字体；同一页面最好不要使用超过三种字体。

好看的 PPT 排版会让人赏心悦目，更能让演讲者如虎添翼。多学习优秀的 PPT 排版和设计，一定会让你技艺大增。如果团队里有美工则更好。

6. 内容简介

PPT 总篇幅根据路演时间进行控制，路演不是把所有内容都写到 PPT 中，只是列举出关键的提纲，拓展的内容都是创业者口述讲出来的。

切忌堆砌文字，PPT 上的内容最好与演讲内容有所区分，可以是演讲内容的浓缩要点，也可以是生动化和可视化的内容。能用图，少用表格；能用表格，少用文字；切忌用大段的文字。每页中的内容不要过多，保证必要的信息量即可。

路演现场，大家并无心思去阅读，更多的是聆听，所以 PPT 做得丰富多彩，不让下面观众视觉疲劳即可。

减少不必要的动画效果，便于制成 PDF 格式。

（二）PPT 细节内容

1. 核心元素

在短短几分钟的项目路演中，路演者要想引起台下观众的兴趣，必须满足简洁、清晰、有力三个要求。路演时要着力阐述观众最关心的三个问题。

（1）“我们”是谁？

（2）“我们”在做什么？

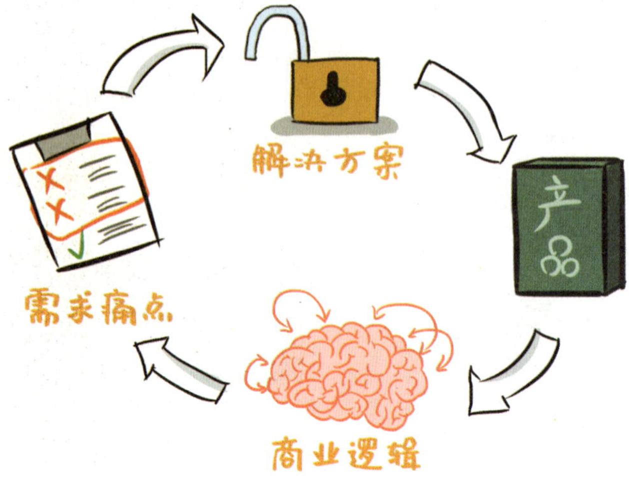

（3）为什么选择“我们”？

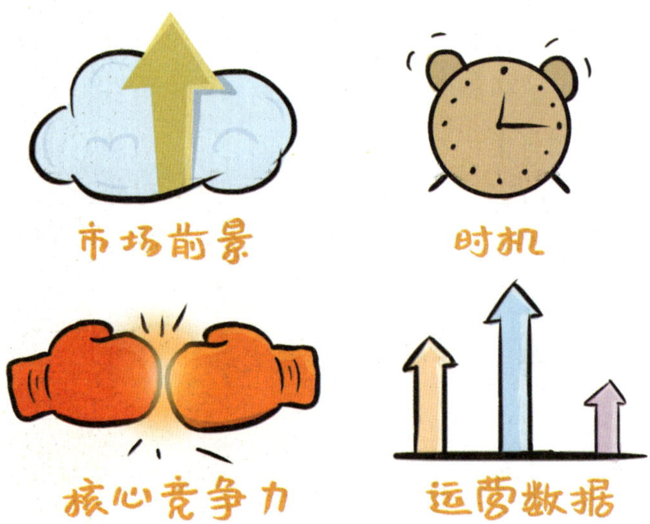

这三个问题的叙述顺序可以调整，但绝不可省略。至于很多细节的东西，比如股权结构、公司名称、坐标等，甚至融资数额，都不是最重要的。回到首要理念，如果他们对你都不感兴趣，再完整的细节也没有意义。

2. 组成

（1）开门见山页

元素：项目名称和 LOGO；简洁的描述。

目的：用一句话把项目说清楚；用最大的亮点引人入胜。

（2）需求与时机页

元素：发现的需求；目标用户的痛点；为什么现在是最好的时机等。

目的：提出关键问题，营造真实的应用场景，尽力让投资人产生共鸣。

例如，“趣弹音乐”是从中国音乐教育市场的普及率低入手，抓住了市场痛点：“缺乏优质教学内容、乐器普遍价格高、难度大、行业非标准化、缺乏音乐乐器类品牌平台、网络教学资源不够聚焦。”从而提出问题：“作为家长我们不想让孩子学一门乐器吗？我们真的就是想让孩子做音乐家吗？让孩子学一种乐器，培养一种爱好，大多数人并不是想让孩子去做音乐家，那这就是尤克里里的客户。”

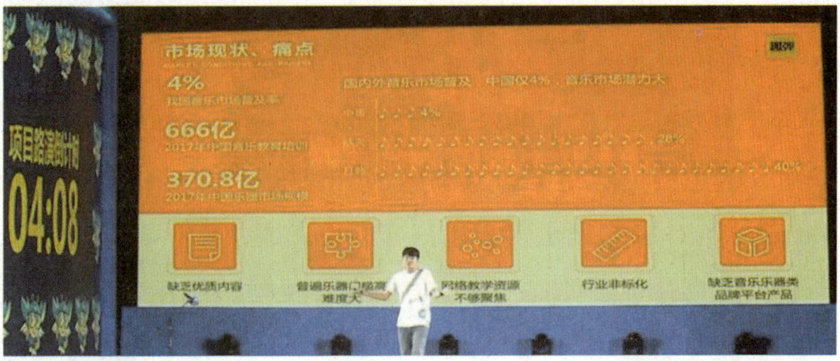

（3）解决方案页

元素：现状的解决方案及其短板；自己的解决方案；自己方案的优点及量化分析；如果以前压根没解决方案，也要阐述原因。凭什么你是第一个发现的？很有可能别人都试过了，压根就是需求伪命题，不需要解决方案呢？

目的：对现有解决方案进行展示，进而阐明新的解决路径及其示意图或逻辑。

（4）市场规模页

元素：市场增长的阶梯图——用以说明这个行业前景很好，增长迅猛；同心圆——用以描述目前市场已被瓜分的比例，如果比例很小，说明市场前景很好；推导依据——如果是完全新兴的市场，要有很强的逻辑依据说明现在所做事情的潜在市场足够大。

目的：直击风险投资人最关心的问题，增强说服力。如果是人尽皆知的市场，一笔带过即可，否则需要详细解释。也可拿已成功的案例类比自己的项目。

（5）产品服务、业务数据页

元素：产品截图、视频演示或实物演示——根据经验，产品视频或实物演示能在众多项目一起路演的活动中格外吸引投资人的注意力；目前项目的核心业务指标、业务数据——可以用醒目的数字标示、曲线增长图或市场占领地图来充分调动投资人对项目产品的激情（一般到这个页面，路演者必须调动起所有投资人的激情，否则会丧失后续演示内容对观众的吸引力）。若没有数据，则多谈产品。

目的：以实打实的产品展示来突出产品的核心竞争力，在最具深刻洞察力的方面建立优势，把产品的特色转化为投资人的利益，以此来吸引投资人的注意力，调动其激情。

例如，“趣弹音乐”是目前国内最大的尤克里里在线教育的内容提供商，已经成功地让 100 万人学会了一门乐器。

针对用户在学练之余的购琴需求，“趣弹音乐”推出尤克里里电商业务，帮助用户选好琴，买好琴。目前，趣弹电商板块已开设了淘宝店铺（趣弹乐器）、微信小程序商城（趣弹好物），每月销量达 1000 把，月营收 35W+。乐器产品主要代理国内一线品牌，均已拿下品牌代理授权书，同时打造网红 IP，通过 IP 打造周边衍生产品。

2017 年至今，“趣弹音乐”视频全网播放量已经突破 8000W+，并成功自主孵化了十多名音乐达人为主的内容矩阵，并和网易云音乐、网易云课堂、QQ 音乐、新浪微博等媒体平台达成合作，帮助更多音乐内容创作者成功！

“趣弹音乐”创始人帅圳兴说：“选择了内容短视频，还有在线教育音乐的乐器这个小版块的一个垂直细分进行涉入，这是一个比较好的优势。同时，我们的用户黏度相对来说，也是做得比较深入的，所以我觉得这两个点会是我们此次获得比赛金奖的两个关键因子。”

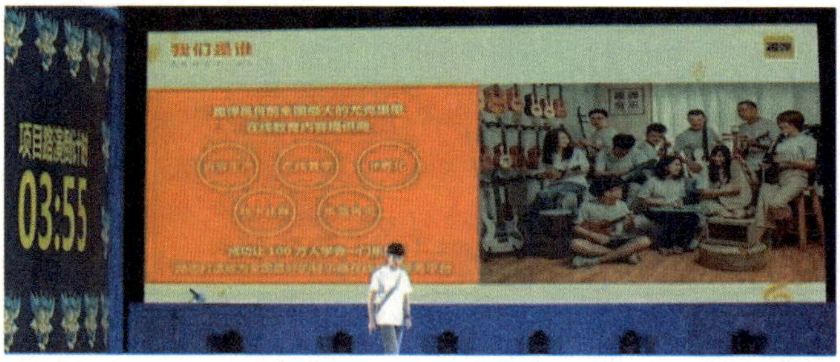

（6）竞争能力页

元素：表格图。纵轴是竞争对手，横轴是关键功能或指标。

直接列举，包括直接对手及潜在对手。对手有哪些，到什么阶段，做到什么程度。

你的市场定位是什么？

如何防止竞争对手夺走你的市场份额？

你的秘诀是什么？你将如何变得比竞争对手更优秀？

目的：展示你在适应市场和获得市场份额上的信心，同时展示你当前的客户满意度和忠诚度。

（7）商业逻辑页

元素：商业模式画布图；盈利的模型。

你如何赚钱？

商业模式的逻辑是否成立？

你的商业模式如何通过实验或案例研究获得了验证？

目的：参考商业模式画布，梳理业务逻辑与客户、用户、合作伙伴之间的关系，说明盈利的方式。

例如，“趣弹音乐”的商业模式可以用四个字概括“学、练、玩、买”。商业逻辑：内容建设—社群学习—活动推动—IP 孵化。通过内容库打造教学学习交流平台，聚合粉丝；通过向粉丝销售尤克里里和衍生产品，产生收入。尤克里里的社群营销是 2018 年第四届“互联网 +”大赛中非常具备互联网元素的一个项目。特色内容 IP 打造（U 叔学院、杨可爱）教学栏目已经达到 80 万用户（比赛时），建立了自己的内容矩阵。内容在全网分发，超过 1 亿的播放量，做到了网易云课堂第一；建立深度学习社群、打造微信小程序、建立线下音乐生活馆、粉丝线下聚集地“趣弹音乐角”；拓展电商途径，签了 20 多个一线品牌的代理权，形成了淘宝 C 店、微信商城，计划开设天猫商城趣弹店，打造了自主的尤克里里品牌。

（8）团队展示页

元素：创始人 CEO+ 创始人团队风采展示；核心员工团队展示。头像、姓名这些都不重要，重要的是亮点，比如名校高才生、名企高管、连续创业者、有何独占资源可以帮助项目更好发展等。

目的：展现出团队志同道合、互信互补、业务强、契合度高的优良风貌，提高投资人的信任度。

（9）融资规划页

元素：股权分配方式；股份出让比例；融资数额；融资用途。

目的：为了支撑前述的项目策略，此时需要提出融资需求。时至现在，投资人已大概明白了这个项目是否是一个好的投资机会，现在他们需要明白这个项目需要多少资金来推动。

如果路演 PPT 非融资型或时机未到，此页可去掉。

例如："趣弹音乐"已经获得朴度资本 1000 万元的投资。计划出让 10%~15% 的股份，以获得 300~500 万元的投资。

（10）结束页

元素：项目愿景 + 一句话描述；产品下载地址、个人微信、二维码。注意：不需要画蛇添足加一页感谢页。

目的：最后一次强化该项目的最大亮点，提醒投资人为什么要投资这个项目。

比如："趣弹音乐"中，帅圳兴："我希望让音乐成为一种生活方式，音乐是不分阶层、不分等级、不分国度，应该是每一个人都能享受的，它不是应试教育。作为家长，我们不想让孩子学一门乐器吗？我们真的就是想让孩子做音乐家吗？让孩子学一种乐器，培养一种爱好，大多数人并不是想让孩子去做音乐家，而是让孩子快乐。我希望让音乐走进人们的生活，让每一个喜欢音乐的人都能够学会一门乐器。"

以上就是撰写路演 PPT 时需要涵盖的一些内容要素，在实际操作时，项目路演者可以根据自己的需要灵活调整顺序。

二、视频

路演视频和路演 PPT 一样，起辅助作用。其主要内容是企业的基本架构、商业模式、核心竞争力和投资价值。在制作路演视频时，不必反复提及一些基本概念，注重突出核心亮点和竞争优势（独家专利技术）即可，目的性较强。

视频类型：产品功能（介绍型）；使用场景（重现型）；尖端技术（嘚瑟型）；服务前后（对比型）。

路演视频的时间应控制在 1 分钟以内。

放在开场：介绍产品，特别是典型应用场景；放在结尾：展示用户真实反馈。放在开场的作用是抛砖引玉，为自己的演讲设定基调。因此视频风格必须与 PPT 以及演讲风格一致。

制作视频时，请注意以下几点。

（1）告诉他们你想传达什么信息，将信息传达出去，最后再总结一下。将视频简单明确地分成几个部分来传达你的信息非常重要，这样投资者和其他观众才会被视频内容吸引而参与其中，而不会感到无聊和失去兴趣。

（2）重要的是公司，而不是个人。视频的着重点建议放在公司本身、整体成就或者几个关键的部门员工身上，而不是单单着重介绍一个有远见的 CEO。

三、其他辅助材料

（1）产品实物原型、与项目符合的工具。

例如，“趣弹音乐”中，帅圳兴带着尤克里里并在路演最后进行了演奏。

（2）演讲逐字稿。过多地使用专业术语会阻碍投资人快速理解项目和做出判断。可以先把每一页的字数 / 图片砍掉一半，然后把剩下的再砍掉一半。对着页面上的每一个元素一一拷问自己：“为什么我要这样做？”若答不出，则删掉。

拓展训练

制作一份路演资料检查表单

通过表单的制作促进对本项目内容的理解以及个人对路演的思考和创新。

项目二

如何做一场完美的现场路演？

ideas
SHINE THROUGH

案例导入

看乔布斯如何准备一场发布会

史蒂夫·乔布斯（Steve Jobs）多年来都以自己超凡的个人魅力以及跌宕起伏的演讲风格吸引了无数消费者及在场媒体人士的注意力。然而许多人或许没有意识到的是，乔布斯通常会在产品发布会举办前数月就开始对其进行精心的策划和准备。

乔布斯主讲的每一场苹果发布会，给人的感觉都是一位穿黑色高领衫牛仔裤的男子，站在黑色背景的大屏幕上开讲。像讲故事一样，简单、平静，但动听、震撼。如果你读了他为发布会所做的一切准备，就会理解“台上一分钟，台下十年功”这句话的真正含义。

乔布斯通常会提前数月准备自己的新品发布会以及其他一些公关场合的出席安排。上百人参与其中。5 分钟的舞台演示，是他的团队是花了数百个小时准备的成果。他本身要熟知所有可能涉及的所有产品技术资料。比如软件，程序员可能仍在研发中，他仍要从这个未完成产品中获得初步的决断。

一般的发布会只租两天现场，乔布斯却舍得花钱租下来整整两个星期进行彩排，这常常会令同行不解。

乔布斯对细节的要求之高，可以说让人叹为观止。也正是如此，苹果发布会从不令人失望。

设定好主题：把主题放在发布会开头，以达到开门见山的效果。

条理清晰的大纲：参加过乔布斯发布会的人都会对乔布斯条理清晰的大纲印象深刻。

图形化的幻灯片：乔布斯在发布会上使用的幻灯片非常简洁，只有一些启发性、相关的图片和简单的字，比如乔布斯在讲到“我今天想要告诉你们的第一件事”之时，幻灯片上只显示了一个数字“1”。

精心准备高潮场景：一场演讲一定要有一个令人印象极其深刻的时刻。在乔布斯的发布会上，会提前设计好高潮场景。比如乔布斯发布 Air 的时候说，“它非常薄，可以装进一个信封”，然后他就从一只信封里拿出了一台 Air，全场惊叹。

演讲稿色调、聚光灯角度、PPT 都是乔布斯不能放过的细节。

（案例来源：搜狐网，乔布斯活着的时候是这样开发布会的）

问题探索：路演时应该说些什么，该怎么说，哪个更重要?

核心知识

有人说：“商业计划书是给投资人的情书”，那么，路演就好似你跟一个心仪已久的“他 / 她”表白，带着你的种种准备，带着你的丝丝悸动，带着你的满满期待。

接下来，看看你该如何表白？

一、仪容仪表仪态

正装、简单大方的通勤装、符合项目特征的职业装。

男士：头发整齐、利落，前发不附额，侧发不掩耳，后发不及领。

女士：要化妆，淡妆为宜且自然不露痕迹；头发整齐、利落，不可遮住脸部，长发不要随意散开；首饰尽量不要太多。

视频讲解

二、入场

坦率大方，可以在平常训练的时候使用电梯演讲，试着一鸣惊人，通过一分钟效应，牢牢抓住评委的心。

其实，入场是很关键的，他是观众们对你的第一印象，如何调动听众的情绪，掌控路演的现场对路演来说是很重要的。如果把握不好，后面想要改善印象，就会非常被动和吃力。

（一）上台先镇场

很多朋友，一上台就迫不及待地拿起麦克风，开始急于发表自己的观点，这样的效果往往是比较差的。

上台的时候，我们需要放松身心，步伐稳健，不要急于开口，微笑地扫视一下在场的观众，先停留几秒钟，等到听众的注意力都集中在你身上，下面安静的时候，才来开始你的路演。

（二）提升能量场

路演前，提升自己的能量场。比如，有些人喜欢在开场之前，做热身运动，进行慢跑，提升自己的精力状态。实际上，当你情绪低迷的时候，你的能量场就会很低，即使你尽力去伪装，观众也能够感受得出来。你的情绪会影响你的发声和表达，同样会影响到观众，影响到路演的效果。

控场之前，要提升自己的气场，你身体散发出来的自信，也会对听众产生积极的影响。你的声音、肢体动作、情绪会在很大程度上影响到你演讲的效果。

声音：平时就要训练好自己的声音，自信而洪亮，中气十足。

表情：面带微笑，自然从容，不要一场演讲下来一副表情，但也不要过于夸张。

站姿：站直，不随意晃动身体。

（三）埋设悬念

会埋设悬念、笑点、情绪引爆点。

培养自己的幽默感，寻找和你路演主题相关的一些比较搞笑的故事、案例，你可以利用搜索引擎搜索相关的搞笑段子、搞笑视频、寻找灵感。

当然不要太刻意，有些时候你准备的某个素材并不一定会对所有的听众起到作用，这就需要我们多埋设几个引爆点。

分析、挖掘听众的兴趣点，设置好悬念，在听众兴趣正浓的时候，突然停止，让他欲罢不能，激发听众不断听你讲下去的欲望。

（1）讲跟听众利益有关的事。如果你是讲产品营销的，那你可以先提出一个普遍都存在的问题，然后告诉听众你能为他们解决什么问题，解决后能带来什么利益。

（2）描述矛盾。很多人喜欢听故事，以故事中出现的矛盾作引导，告诉他们我可以帮你解决这个矛盾。

（3）带来感官体验。在路演中，一直都是以听为主，但中间能插入视觉或者触觉的体验就会更好，让听众记忆犹新。这个时候PPT、视频或者辅助材料就可以起到作用了。

（4）打破一成不变。如果路演老是以同样的语速、同样的节奏进行，听众就很容易走神，甚至会打瞌睡。

在路演中可改变一下语速、语调，同时也可以讲个笑话，效果会翻倍。

三、现场演示

（一）时间分配安排

常见时间分配（单位：分钟）：“5+3” “6+3” “8+3” 。

一般来说，是“5+3”，5 分钟路演和 3 分钟答辩。

（二）演讲的生动性（语音、语调、音量与节奏）

答辩中最忌讳的是不知道如何展示项目，不能很好地与现场（人、器材、舞台）进行互动，准备不充分，演讲能力差。

舞台中，你是唯一的 C 位，要时刻注意站位，让舞台（评委、器材、观众）跟随你的节奏，主动调动现场情绪，这样才会使你的演讲达到事半功倍的效果。

站位规则：

评委在哪——面对评委。

PPT 在哪——躲开 PPT。

C 位在哪——可选范围最中央。

设备调试：

操作 PPT 的电脑——准备多版本。

激光笔——学以致用。

话筒——距离提前调试。

（1）首先要知道，好的演讲应具备以下几个要素。

①讲故事。讲一个好故事，就成功了一半，好的故事更容易引起共鸣，进而代入产品。如客户故事、团队故事、创业初心、创业磨难、未来梦想等（故事要有逻辑性，不可虚构和强行插入环节，要和产品相互呼应。）

②说“人话”。技术类项目，如果在演讲和回答时全篇都是技术性语言表述，很难给评委留下印象。

可以巧用“生活化场景”把项目和生活例子结合起来，不仅能让评委快速了解项目，而且更容易留下深刻的印象。

③讲数字。没有什么能比数据更有说服力。

④谈梦想。未来梦想、社会价值、项目格局。

（2）其次要知道，好的演讲应具备以下几点节奏把控。

①开场：清晰明确，自报家门（放出去）。

例如：各位评委老师、同学们大家好，我是来自某某大学的某某。

②过渡：无须过渡，自然进行（顺下来）。

例如：第二个模块是……

③结束：结束演讲，过渡到答辩（收回来）。

例如：这就是我们的项目，感谢评委老师的聆听，请您点评、指正。

（此处不一概而论，可以设计一些带给听众信心的精彩话语，例如“投资 300 万还你 3000 万”等。）

④重点：亮点突出，一招制胜（把控全场）。

例如：加重语气、提醒关注。

（3）另外要知道，路演的三大技巧分别是内容、语音语速语调、肢体语言。

①内容。

· 抓住要点，具备强逻辑性。

· 符合所讲路演主题。

· 排练定型，一定要提前多排练，保证对内容熟悉到倒背如流。

②语音、语速、语调。将语速保持在正常语速 130 字 / 分钟左右，该快的时候快点，该慢的时候慢一些，做到抑扬顿挫，快慢结合。

精准评估路演的时间，比如做一场 8 分钟的路演，就一定要根据时间准备内容，然后根据要点调整语速，以使整场路演看起来较为完美。

③肢体语言。

·眼神交流：眼神代表了一个人的很多东西，比如真诚、可靠、自信等。路演者与听众互动的最基本肢体语言就是眼神的交流，这会让听众充分感受到你对他们的重视，增强他们的存在感。同时，他们能够从你的眼神中看到你的真诚、自信、可靠等品质。眼睛是心灵的窗户，骗不了人，他们会更加信任你。

·保持开放的姿态：路演者保持开放的目的是表明自己和听众之间没有任何的障碍物。

·适当运用手势：手势是整个路演当中至关重要的。手势与语言合理搭配，能够反映出路演者思维的清晰程度，有利于与听众更好地互动。

（三）内容的熟悉度

充分的排练好过你临场发挥，很多时候你逻辑不清楚、表达不明确，只是你没有准备充分而已。“台上十分钟，台下十年功。”建议提前准备好稿子，尝试在不同的场合地点，不同的人面前练习，当你能够看到每一页 PPT 时脑海里就能够瞬间反映出讲稿时，那就非常成功了。

注意：排练时要计时，以路演 5 分钟为例，彩排时就尽量 4 分钟完成，这样当你现场路演时可以应对突发情况。如果彩排时间过长，试着询问自己这段话想表达什么，为什么要写这段话，有必要吗？如果不是，立刻删除。

（四）应对意外的发生

遇到突发状况时，一定要冷静。如果可以的话，可以通过幽默风趣的话语来调节，切忌不要先乱了自己阵脚。一场保持亢奋而不紧张的演讲，能让你的感染力提高数倍。

四、问答环节

以“互联网 +”大赛现场路演环节为例，一般由两部分构成：第一部分是项目路演呈现，由团队进行项目完整介绍，时间为 5 或 8 分钟；第二部分是问答环节，就是现场的互动答辩，即评委提问，创业团队回答，时间一般 5 分钟左右。这个环节考验选手的综合能力。

（一）常见互动答辩问题

投资人评委经常会问到的问题中，一般常规问题占 20%，随机问题占 80%。以下是几个投资人评委经常提到的常规问题，供大家学习参考。

问题 1：如果用一句话（或 30 秒）来描述你们的项目，你会如何描述？

答辩提示：这个问题很关键，需要每一个团队成员都有一致的答案，且不论评委是否会问，都要准备好这个问题的答案。

问题 2：这个项目明显是老师的科研项目，跟你们有什么关系呢？

答辩提示：这个问题经常在大赛中被评委提出，答案可在第四届大赛通知中找到。同时要加深理解国家鼓励师生同创，鼓励通过大学生创新创业实现高校老师科研成果转化的政策要求。

通知摘要如下：

“高校要通过大学生创新创业训练计划项目、创新创业专项经费、师生共创、校地协同等多种形式，努力实现项目长期对接，并推出一批帮扶品牌项目和帮扶示范区，发挥辐射带动作用。要积极争取相关部门、地方政府、社会企业、投资机构等各方支持，通过政策倾斜、项目立项、设立公益基金等方式为活动提供保障。”

“高校教师科技成果转化的师生共创项目不能参加创意组，允许将拥有科研成果的教师的股权合并计算，合并计算的股权不得少于 50%（其中参赛成员合计不得少于 15%）。”

问题 3：你们为什么想做这个项目？

答辩提示：这是一个关乎初衷的问题，是投资人评委经常关注的问题。回答好了，就是加分；答不好，会让评委对于你们做此项目的初衷产生怀疑，创业者应精心准备。

问题 4：你们的数据是如何预测出来的？

答辩提示：当评委提出这个问题，就是对项目数据合理性与可行性提出了质疑。

大赛不是表演，对于路演中呈现的数据，一定要经得起推敲，不能人为编造。这些投资人评委，日常工作就是看商业计划书和参加项目路演答辩，他们中的一些人，有可能就是你所做项目领域的专家，对数据高度敏感。

问题 5：这个项目是公益项目还是商业项目？

答辩提示：这是一个杀伤力很强的问题。投资人评委不反对公益项目通过商业的模式实现自我造血，促进公益项目长期健康发展。但是一定要避免给投资人评委留下这样的印象：公益商业混为一谈，以公益为幌子，做商业的行动。

问题 6：你们的项目如何实现盈利？如何持续盈利？

答辩提示：好的商业模式清晰简洁，易于实现盈利，甚至掌握资源或定价权。通常，投资人倾向于较短的商业变现路径——商业模式环节越长，可控范围越小，风险越大。创业者若在路演时对商业模式心里没底，支支吾吾，甚至对变现节点和节奏毫无想法，就很难拿到融资。

这是一个商业路演中投资人评委一定会关注的内容，对此，创业者一定要结合项目的市场定位，做出合理可信的回答，既不过于保守，也不编造，不虚夸。

问题 7：现在市场上已经有 ×× 做了类似的项目，你们与他们比有什么特色？

答辩提示：这是一个一定要提前认真准备的问题，如果评委提出的 ××，你之前没有听说过，这可能会麻烦。这说明评委在你所做项目的领域比你了解得还多，也说明了项目团队的准备度不够。在路演中，竞品分析是一个重要的环节，好的竞品分析，可以突出项目的独特性与差异化。

问题 8：为什么你们有机会将这个项目做成？

答辩提示：重点强调项目团队的竞争力优势，有什么独到的优秀资源。

问题 9：你在团队中是什么角色？

答辩提示：听到这个问题，就说明路演者在路演开始时没有把自己的角色交代清楚。另外，这个问题的潜在意思是：你对这个项目不太熟悉。

问题 10：你的团队成员很优秀，你是怎么说服他们加入你的公司的？

答辩提示：一般情况下，处于早期的项目很难说服优秀人才加入。很多创业者在路演时喜欢夸大团队的背景，甚至会把只与公司有过一点交集的人或者是顾问成员写到团队介绍里面。投资人看到公司团队成员能力水平和公司成长阶段差别太大，心中就会有疑虑。

建议创业者在介绍团队成员时据实描述，正视团队的短板，如此反而会赢得一个靠谱的好印象。

问题 11：目前这个项目还在创意阶段，你们毕业后，会将这个创意落地实现吗？

答辩提示：回答这个问题要谨慎。如果项目团队的目的只是参赛而不是真正要将项目落地，将会很难得到投资人评委的认可。

问题 12：为什么这轮融资的金额这么高？

答辩提示：对于投资人来说，融资资金是和估值紧密相关的，太高的估值会直接影响到企业的后续融资过程。并且，在早期尚未有业绩支持的情况下，动辄千万的融资很容易让投资人觉得创业者在跟风融资。

如果创业者自己也没想清楚融资的目的，就是一个危险的信号。很多创业者不明白这一点，总觉得融资金额越高越好，殊不知当投资人看到令人咋舌的融资金额时，多数已经给项目预判死刑了。

问题 13：这个项目到底是做什么的？

答辩提示：听到这个问题，基本可以判定这场路演终将无果。没有什么比路演者洋洋洒洒说了半天，投资人还搞不懂说的是什么更令人沮丧了。出现这种情况主要有两个原因：一是投资人并不懂行，也就是找错了路演对象；二是路演者说了太多无关的东西，以至于在特定的时间里没有说到重点。

遇到这个问题时，创业者需要反思三个问题：一，是否自己的商业计划书或者路演内容过于空泛，而忽略了自己最核心的业务；二，是否找错了投资人，下一次融资路演时如何找到对的投资人；三，如何提高自己的路演演讲能力。

问题 14：如果让你们从现在项目的所有功能中，只选择做一个功能，你们会选择做哪一个？

答辩提示：一般问到这个问题，可能是由于目标客户不清晰，或者想实现的功能太多，导致创业目标不聚焦。对于早期创业者来说，资源是有限的，什么都想做的结果就是什么都做不好。这不仅是投资人担心的问题，也是创业者需要时刻关注的问题（即是否精力过于分散）。

这个问题，是每个项目团队要经常问自己的问题。创业项目切记不要“大而全”，而要“小而美”。不要动辄就要改变世界，先从一个小的机遇把握，一个小的改变做起。路演机会弥足珍贵，创业者最好能够在一次路演中把事情讲清楚，给投资者（评委）留下好印象。

（二）保持良好心态

（1）不卑不亢。遇到观点不同时不要和投资人发生争执，做到回答真心、提问走心，交谈保持平常心。

很多问题没有标准答案，不必纠结对错；在非常不确定的情况下可以适当把投资人的问题引入自己熟悉的领域。

（2）求真务实。客观评价竞争对手才是成熟的表现，对行业的理解，对未来竞争的态势的理解也要客观；最有价值的是可触达市场，所以要认真分析和表达对此市场的考量和信心，动辄几亿的市场其实会有不理性的感觉。

（3）沉着冷静。很多时候，路演会遇到突发状况，令人措手不及，这个时候一定要沉着冷静，尽快地调整好自己的心态，随机应变。很多时候评委选择的不仅是你的项目，也是你这个人。

（三）结构化问题回答

（1）有准备的问题。简单精练、干净利落地回答。

（2）无准备但会回答的问题。快速整理思路，有逻辑地回答。

（3）无准备且不会的问题。放平心态，虚心请教。

（四）有的放矢

（1）合理分工。一般情况下，现场答辩的时间在 5 分钟左右，会有 3~5 个问题。

团队负责人应是答辩主要负责人，对于能够准确回答的问题，可以直接由团队负责人回答，没有必要做成："这个问题请我们的财务总监回答"等形式化的回答。

同时，考虑到团队负责人在某些方面确实不专业，可以请具体负责的同学回答。比如关于技术上的问题，可以请技术负责人回答，但要确保他能够将这个问题接得住，避免出现"球传丢了"的情况发生。

（2）听清问题。因为现场紧张等因素，或是以为自己听清评委的问题，而事实上没有听清问题重点。在这种情况下，一定要向评委确认问题的真正含义是什么。没有听清问题，能够有好的回答是小概率事件。

同时，可能会有某些评委对于项目的背景与内容确实不是很了解，所提出的问题本身可能有不清晰、不准确的地方。在这种情况下，项目团队要确认"您所说（指）的是 ×× 问题吗？"

（3）回答精准。有的选手在参加过很多场校赛、省赛甚至国赛的答辩环节后，对于评委的问题不直接回答，而是绕很大的圈子，说了很多与问题相关不紧密的内容。"问东说西"，这是答辩的大忌。在答辩时要简洁、准确，能够用一句话说清的就不用两句话。

一次比赛后，评委问一位选手，为什么在答辩时说那么多与问题不太相关的内容？选手回答："我想多说点，这样，评委问的时间就少了！"但请注意，你说得多，但如果回答得不太到位，评委的时间是少了，但团队的得分也会少了！

（4）自信、自然。对于评委所提出的问题，要有自信，即使有些问题是团队确实没有答案的，也要表达出“谢谢您的建议，这个问题确实是我们一直在思考的，但是还没有理想的答案。您的提议，让我们有了新的思路”。

关于自然，是指要避免过于形式化的回答，比如表演式的手势、背诵式的回答等。

（5）感恩好学。“大众创业、万众创新”，让大学生有了更多的成长机会，更多的学习机会。每一个团队都要感恩我们成长在这个伟大的时代，使我们有机会亲历中华民族的伟大复兴，亲身参与中国社会“大众创业、万众创新”的伟大进程。我们站得越高，就能够看得更远，就能够胸怀家国，以更好的心态参与竞赛！

大赛宗旨就是“以赛促教”“以赛促学”，所以，我们一定要将包括答辩在内参与大赛的过程，当成最好的学习过程。向市场学习、向老师学习、向投资人学习、向其他优秀团队学习、向团队内的每一位成员学习，带着问题学习，面向成果学习！想象一下，能够在这么短时间得到这么多专家的指导，能够得到这么多资源与关注，获得这么多进步，是多么好的学习机会！

同时，比赛的过程，是促进学校的创新创意、科研成果、实体公司进步的最佳机会，团队要借助大赛强大的势能，加快商业计划书的优化与迭代，加快项目与公司的成长进步！

（五）答辩六大原则

拓展训练

电梯小演练

凝练梳理项目，可做开场或过度：我的项目是什么；为哪类客户提供什么服务、满足什么需求；现在成果如何。

范文：我是 xxx，我们的项目是 ______________（不超过 10 个字），旨在为 _____（用户或客户）提供 ________（差异化的产品或服务），解决 _______（市场需求以及痛点），实现 _____________ 价值。经过前期调研，已进入 ___（测试、试运行、运营等当下项目状态，是否工商注册），已经拥有可以支持解决方案的核心技术和资源，有 ___ 和 ___（用事实、数据说话），现阶段的成果有 ____（现金收入、积累的用户、产品成熟度、服务以及市场占有）等。

模块十

创新创业竞赛

Part 10

项目一

为什么要举办创新创业竞赛？

案例导入

北京理工大学“中云智车——未来商用无人车行业定义者”项目从全国 64 万个项目中脱颖而出，获得第四届中国“互联网 +”大学生创新创业大赛冠军。

中云智车作为大赛初创组“互联网 + 制造业”的新星，项目是从北理工特种无人车辆创新基地、方程式赛车队孵化而来，是国内首个车规级特定场景无人车整车研发者，拥有车规级无人车全栈研发能力，项目负责人倪俊曾经担任学校方程式赛车队队长。

为了参加比赛，倪俊和他的团队不断对参赛的产品进行研发和创新，敢于实践，带领团队研制出世界领先的无人驾驶赛车、全线控重型无人车、纯电动无人赛车等。

因为大赛，倪俊更加肯定和坚信了以后自己会继续从事无人驾驶技术的研究和创新、创业工作，他要为我国的汽车工业发展与国防安全建设贡献一分力量。

随后倪俊成立了中云智车有限公司，目前已经形成了“模块化车规级无人车通用底盘 + 订制化功能上装及算法”的无人车整车研发与生产新模式。还不断打造出无人物流车、无人摆渡车、无人运货车、无人军用车等特定场景商用无人车，为推动其快速落地与汽车产业升级而不懈努力。刚比赛后，多家物流电商、高等院校与其达成战略合作，生产基地完成建设，并预估年产能超 1200 台，实现了经济增长飞跃。

（案例来源于网络）

问题探索： 观看倪俊的路演视频，探讨大学生参加创新创业竞赛有什么价值？

核心知识

创新创业是民族进步、国家发展的动力源泉。大学生是实施创新驱动发展战略和推进大众创业、万众创新的生力军，因此，大学生们既要认真扎实学习、掌握更多知识，也要投身到创新创业中去以提高实践能力。

视频讲解

参加创新创业类大赛不论对高校，还是大学生个人都具有诸多深远的意义，对社会也是具有很多重要价值和积极影响的。

一、成长的价值

一个好的项目，从校赛、省赛到国赛，有机会与经验丰富的评委与导师深度交流与优化公司的商业计划、业务运营以及团队管理。参与大赛的过程是项目与公司加速成长的过程。

成长的价值

二、资本的价值

一个优秀的项目团队，通过参加大赛有机会在一年时间内接触到数十个投资机构负责人。对于有融资需要的初创企业来说，“互联网 +”大赛可以让团队高效、低成本接触到潜在的、适合的投资人。

资本的价值

三、市场的价值

大赛过程中，会受到多地媒体关注与报道，参与大赛，可以明显提升优秀初创与成长企业的市场知名度。比如第二届“互联网 +”大赛的金奖获得者，也是第三届大赛的赞助商 OFO，就是通过参加大赛提升了在全国高校与社会的品牌知名度，业务量也在全国高校大增。

市场的价值

四、业务的价值

优秀的项目，在参加创业大赛的过程中，会有机会发现更多的业务伙伴、合作伙伴，包括供应链上下游的企业，有需求的意向客户等，有可能在以后成为长期合作伙伴关系。

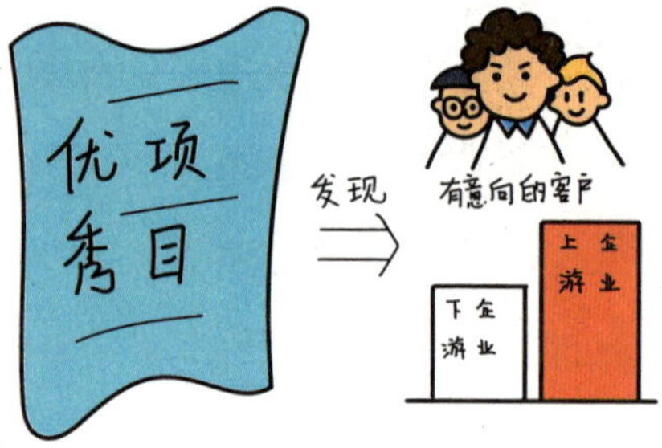

业务的价值

五、学习的价值

“互联网 +”大赛，是中国，也是世界最大的双创路演平台，特别是进入全国总决赛的项目，都是万里挑一的。参加大赛的过程，让团队有机会学习了解中国最优秀创业企业的模式、技术与经验。

学习的价值

六、示范的价值

身为高校的优秀学生，通过大赛展示自己的创新创业项目与企业，争取好成绩，展示学校在创新创业教育上的成果。同样可为学校的同学们树立新时代创新创业的榜样，让学校以你为荣，同学以你为骄傲。

示范的价值

七、对学生综合素质能力提升的重要价值

（一）团队合作能力的提升

参加大赛，都以团队的形式参加，团队成员彼此各有分工，若想实现最终的胜利，团队成员必须同心协力，共同完成一个项目。且组成团队的成员一定得是各有所长，专业、背景甚至是性格特点都具有一定的差异性，只有这样才能起到互补的作用。大学生在参加比赛的过程中，应具有一定的合作意识，不能过于个人主义，更不能只考虑到自己的利益，而是应该以团体的荣誉为荣，以团体的合作为重。

团队合作能力的提升

（二）科研能力及自学能力的提升

参加比赛与平时学习不同。在学习的过程中，学生以自学为主，遇到不懂的问题上网搜索查找资料，查找与撰写商业计划书有关的资料，完整技术书的知识结构；在比赛过程中，考验的是学生的自主能力以及学生的临场发挥能力，因此很多问题都需要学生自己想办法解决。且在比赛的过程中，如果学生想获奖，更多的是学习课外知识，对课堂知识进行有效补充，进而保证知识的丰富性，拓宽自己的视野。

科研能力及自学能力的提升

（三）信息检索、分析数据、统计数据能力的提升

通过参加比赛，学生通过门户网站（如搜狐、新浪以及百度等）进行信息检索，并对收集的数据进行统计分析。

信息检索、分析数据、统计数据能力的提升

（四）创新能力的提升

长时间参加创业大赛并参加真实创业的学生都具有创业精神和创业实践能力。为

了参加大赛取得好成绩，学生需对创业项目有深入了解与实践，通过一系列不同阶段的提升和磨炼，让自己的创业项目不断改进、优化与创新。

创新能力的提升

（五）对就业和创业具有重要价值

人类都是利用自己的能力为社会创造价值获得回报的。能力越强，就能获得更多的资源，创造更大的价值，也会获得更多的回报。大赛能够促进高校推动创新创业教育，从而直接促进大学生各项能力的培养。创业作为就业的高级阶段，培养的不仅是大学生创业的能力，更可促进大学生高效和高品质地就业。

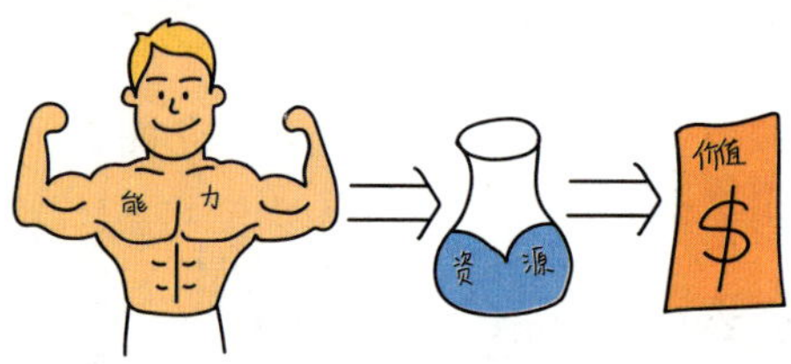

对就业和创业具有重要价值

拓展训练

开启你的搜索雷达，找一位曾经参与过创新创业竞赛的同学，请他谈谈参加大赛对他有什么改变？

项目二

你了解“互联网+”大学生创新创业大赛吗？

案例导入

第五届中国“互联网+”大学生创新创业大赛颁奖仪式于 2019 年 10 月 15 日晚在浙江大学举行。大赛最终共产生金奖 121 项、银奖 286 项，其中高教主赛道金奖 70 项（港澳台 6 项金奖）、银奖 140 项；职教赛道金奖 18 项、银奖 50 项；青年红色筑梦之旅赛道金奖 18 项、银奖 51 项；国际赛道金奖 15 项、银奖 45 项。萌芽版块共产生创新潜力奖 20 项。

在第五届中国“互联网+”大学生创新创业大赛新闻通气会上，教育部高等教育司司长吴岩透露，经过五年发展，目前大赛已经成为深化产教融合、促进产业转型升级的重要平台。大赛、国赛、决赛几天来在“投融资对接大平台”上，累计达成投资意向 406 个，共计金额超过 17 亿元。

“本届大赛实现了两个‘超预期，’吴岩说，“一个是科技创新项目数量超预期，很多项目都已经进入行业发展的‘无人区’，或者是行业领跑者；一个是高校对大赛的重视程度超预期。现在，已经有越来越多的院士、长江学者、‘杰青’直接或间接地参与到了大赛的不同环节，同时，也有越来越多的青年学子走出实验室、走近产业，实现了科研成果价值最大化。比如，本次大赛的冠军——清华大学的‘交叉双旋翼复合推力尾桨无人直升机’团队，提出并研制出了世界首架交叉双旋翼复合推力尾桨无人直升机，填补了国内的空白。”

另外，自从在大赛中加入了“青年红色筑梦之旅”这一环节以来，三年来累计共有 170 万大学生参与其中，涌现出了很多扎根中国大地、助力精准脱贫扶贫和乡村振兴的项目，比如，中国传媒大学的“光明影院”项目，两年时间里团队制作了 170 多部无障碍电影，为盲人朋友带去了高雅的艺术享受；北京邮电大学的“夕阳再晨”项目，十余年来，帮扶上百万的老人融入互联网时代。

（案例来源于网络）

问题探索：我们如何选择权威的创新创业竞赛，如何更有针对性地做好备赛？

核心知识

视频讲解

面对新形势，中国将创新驱动发展作为解决发展问题的优先战略，将创新创业人才培养作为推动国家发展、民族振兴的重要支撑。在 2018 年 9 月 10 日全国教育大会上，习近平主席做重要讲话，明确提出，“要把创新创业教育贯穿人才培养全过程，以创造之教育培养创造之人才，以创造之人才造就创新之国家”。国务院专门出台了《关于深化高等学校创新创业教育改革的实施意见》，明确提出要将“创新创业教育作为高等教育改革的切入口”。教育部提出，创新创业教育是中国高等教育人才培养范式的深刻变革，也是高等教育新的质量观，指出我们要培养的是具有“敢闯的素质、会创的本领、家国的情怀”的人才。

伴随着时代的号召，上至国家部委、各级政府，下至各类型组织、机构、部门主办的创新创业竞赛也令人眼花缭乱。其中，自 2015 起，由李克强总理亲自发起的，中国国家“互联网 +”大学生创新创业大赛是全国规格最高、知名度最大，覆盖院校最广、申报项目种类最多、参与学生最多、国家重视度最高的大学生创新创业大赛，是当之无愧的国字一号大赛。

一、中国国际“互联网 +”大赛赛事背景

（一）党中央国务院高度关注大赛

（1）2017 年 8 月，习近平总书记亲自给参加第三届大赛“青年红色筑梦之旅”大学生回信。信中写到“实现全面建成小康社会奋斗目标，实现社会主义现代化，实现中华民族伟大复兴，需要一批又一批德才兼备的有为人才为之奋斗。艰难困苦，玉汝于成。今天，我们比历史上任何时期都更接近实现中华民族伟大复兴的光辉目标。祖国的青年一代有理想、有追求、有担当，实现中华民族伟大复兴就有源源不断的青春力量。希望你们扎根中国大地了解国情民情，在创新创业中增长智慧才干，在艰苦奋斗中锤炼意志品质，在亿万人民为实现中国梦而进行的伟大奋斗中实现人生价值，用青春书写无愧于时代、无愧于历史的华彩篇章。”

（2）2015 年首届中国“互联网 +”大学生创新创业大赛举办，国务院总理李克强对大赛做出重要批示。批示指出：大学生是实施创新驱动发展战略和推进大众创业、万众创新的生力军，既要认真扎实学习、掌握更多知识，也要投身创新创业、提高实践能力。中国“互联网 +”大学生创新创业大赛，紧扣国家发展战略，是促进学生全面发展的重要平台，也是推动产学研用结合的关键纽带。教育部门和广大教育工作者要认真贯彻国家决策部署，积极开展教学改革探索，把创新创业教育融入人才培养，切实增强学生的创业意识、创新精神和创造能力，厚植大众创业、万众创新土壤，为建设创新型国家提供源源不断的人才智力支撑。

每年的大赛、国赛、总决赛都由国务院分管教育的副总理亲自出席，并接见获奖师生。国务院副总理孙春兰，于 2019 年 10 月出席第五届中国“互联网 +”大学生创新创业大赛有关活动时强调，要深入学习贯彻习近平总书记关于教育的重要论述，把创新创业教育融入人才培养全过程，加快高等教育内涵式发展，全面提高人才培养质量，不断提升教育服务国家发展能力。她指出，创新创业教育首先是教育，归根结底要培养德智体美劳全面发展的社会主义建设者和接班人。要进一步强化理想信念教育，着力增强学生的创新精神、创业意识和创新创业能力，更大限度激发每个学生的潜能潜质。要推动创新创业教育与专业教育更紧密结合，让学生在创新创业中巩固专业知识，在专业教育中提高创新创业能力，为经济社会高质量发展培养大批敢闯会创的高素质人才。

（二）国内外学子广泛参与

届数	年份	举办地点	参赛人数（万人）	参赛项目数（万份）
第一届	2015	吉林大学	20	3.65
第二届	2016	华中科技大学	55	12
第三届	2017	西安电子科技大学	150	37
第四届	2018	厦门大学	265	64
第五届	2019	浙江大学	457	109

从数据上可以看出，自 2015 年创办以来，这一比赛已成为覆盖全国所有高校、面向全体大学生的影响最大的高校双创盛会，极大地激发了大学生创新创业热情，释放出“青年 + 创新创业”的无穷力量，参赛覆盖面愈发广泛。据教育部统计，大赛自创办以来，前五届累计有近千万名大学生、230 万个大学生团队参赛，培养了一大批有理想、有本领、有担当的源源不断的青春力量。

（三）全社会高度关注

大赛受到国内外媒体的高度关注。每年大赛国赛期间，中央电视台、《人民日报》、新华社等超过几十家权威主流媒体和网络媒体纷纷将目光聚焦于此，形成了百余篇图文视频报道，影响力深远。可以说，“互联网 +”大赛将成为世界高校创新创业教育“奥林匹克”级的赛事。

二、大赛目的与任务

中国“互联网 +”大学生创新创业大赛由教育部联合多个中央部委，与承办省人民政府共同举办，大赛旨在深化高等教育综合改革，激发大学生的创造力，培养造就“大众创业、万众创新”的生力军；推动赛事成果转化，促进“互联网 +”新业态形成，服务经济提质增效升级；以创新引领创业、创业带动就业，推动高校毕业生更高质量创业。

（一）以赛促学，培养创新创业生力军

大赛旨在激发学生的创造力，培养造就“大众创业、万众创新”生力军；鼓励广大青年扎根中国大地了解国情民情，在创新创业中增长智慧才干，在艰苦奋斗中锤炼

意志品质，把激昂的青春梦融入伟大的中国梦，努力成长为德才兼备的有为人才。

（二）以赛促教，探索素质教育新途径

把大赛作为深化创新创业教育改革的重要抓手，引导各地各高校主动服务国家战略和区域发展，开展课程体系、教学方法、教师能力、管理制度等方面的综合改革。以大赛为牵引，带动职业教育、基础教育深化教学改革，全面推进素质教育，切实提高学生的创新精神、创业意识和创新创业能力。推动人才培养范式深刻变革，形成新的人才质量观、教学质量观、质量文化观。

（三）以赛促创，搭建成果转化新平台

推动赛事成果转化和产学研用紧密结合，促进“互联网 +”新业态形成，服务经济高质量发展。以创新引领创业、以创业带动就业，努力形成高校毕业生更高质量创业就业的新局面。

三、大赛赛事解读

（一）参赛项目类型

（1）“互联网 +”现代农业，包括农林牧渔等。

（2）“互联网 +”制造业，包括先进制造、智能硬件、工业自动化、生物医药、节能环保、新材料、军工等。

（3）“互联网 +”信息技术服务，包括人工智能技术、物联网技术、网络空间安全技术、大数据、云计算、工具软件、社交网络、媒体门户、企业服务、下一代通信技术、区块链等。

（4）“互联网 +”文化创意服务，包括广播影视、设计服务、文化艺术、旅游休闲、艺术品交易、广告会展、动漫娱乐、体育竞技等。

（5）“互联网 +”社会服务，包括电子商务、消费生活、金融、财经法务、房产家居、高效物流、教育培训、医疗健康、交通、人力资源服务等。

参赛项目不只限于“互联网 +”项目，鼓励各类创新创业项目参赛，根据行业背景选择相应类型。

（二）如何选择正确的赛道参赛

随着大赛的影响力日益广泛，赛事也形成了不同赛道，截至第六届已经形成包括高教主赛道、“青年红色筑梦之旅”赛道、职教赛道、国际赛道和萌芽版块五大主体赛事。下面以第六届大赛为例，进行主要赛道的组别解析。具体以当年的大赛文件为准。

1. 高教主赛道参赛组别解析

大赛应以团队为单位报名参赛。允许跨校组建团队，每个团队的参赛成员不少于3人，原则上不多于15人（含团队负责人），须为项目的实际核心成员。参赛团队所报参赛创业项目，须为本团队策划或经营的项目，不得借用他人项目参赛。参赛项目不得含有任何违反《中华人民共和国宪法》及其他法律、法规的内容。须尊重中国文化，符合公序良俗。

（1）创意组

参赛项目具有较好的创意和较为成型的产品原型或服务模式，在当年5月31日（含当日）前尚未完成工商登记注册，并符合以下条件：

①参赛申报人须为团队负责人，须为普通高等学校在校生（可为本专科生、研究生，不含在职生）。

②学校科技成果转化项目不能参加创意组（科技成果的完成人、所有人中参赛申报人排名第一的除外）。

（2）初创组

参赛项目工商登记注册未满3年，且获机构或个人股权投资不超过1轮次，并符合以下条件：

①参赛申报人须为初创企业法人代表，须为普通高等学校在校生（可为本专科生、研究生，不含在职生），或毕业5年以内的毕业生。企业法人代表在大赛通知发布之日后进行变更的不予认可。

②初创组项目的股权结构中，参赛企业法人代表的股权不得少于10%，参赛成员股权合计不得少于1/3。

③学校科技成果转化项目（不含基于国家级重大、重点科研项目的科研成果转化项目）可以参加初创组，允许将拥有科研成果的教师的股权与学生所持股权合并计算，

合并计算的股权不得少于 51%（学生团队所持股权比例不得低于 26%）。

（3）成长组

参赛项目工商登记注册 3 年以上；或工商登记注册未满 3 年，获机构或个人股权投资 2 轮次以上（含 2 轮次），并符合以下条件：

①参赛申报人须为企业法人代表，须为普通高等学校在校生（可为本专科生、研究生，不含在职生），或毕业 5 年以内的毕业生。企业法人代表在大赛通知发布之日后进行变更的不予认可。

②成长组项目的股权结构中，参赛企业法人代表的股权不得少于 10%，参赛成员股权合计不得少于 1/3。

③学校科技成果转化项目（不含基于国家级重大、重点科研项目的科研成果转化项目）可以参加成长组，允许将拥有科研成果的教师的股权与学生所持股权合并计算，合并计算的股权不得少于 51%（学生团队所持股权比例不得低于 26%）。

（4）师生共创组

基于国家级重大、重点科研项目的科研成果转化项目，或者教师与学生共同参与创业且教师所占权重比例大于学生（如已注册成立公司，教师持股比例大于学生）的项目参加师生共创组进行比赛。并符合以下条件：

①参赛项目如已注册成立公司，公司注册年限不得超过 5 年，师生均可为公司法人代表。企业法人代表在大赛通知发布之日后进行变更的不予认可。股权结构中，师生股权合并计算不低于 51%，且学生参赛成员合计股份不低于 10%。

②参赛申报人须为普通高等学校在校生（可为本专科生、研究生，不含在职生），或毕业 5 年以内的毕业生。

③参赛项目中的教师须为高校在编教师。

2. “青年红色筑梦之旅” 赛道参赛组别解析

参加“青年红色筑梦之旅”赛道的项目应符合大赛参赛项目要求，同时在推进革命老区、贫困地区、城乡社区经济社会发展等方面有创新性、实效性和可持续性。参赛申报人须为团队负责人，须为普通高等学校在校生（可为本专科生、研究生，不含在职生），或毕业 5 年以内的毕业生。企业法人代表在大赛通知发布之日后进行变更的不予认可。

（1）公益组

①参赛项目以社会价值为导向，在公益服务领域具有较好的创意、产品或服务模式的创业计划和实践。

②参赛申报主体为独立的公益项目或者社会组织，注册或未注册成立公益机构（或社会组织）的项目均可参赛。

③师生共创的公益项目，若符合“青年红色筑梦之旅”赛道要求，可以参加该组。

（2）商业组

①参赛项目以商业手段解决农业农村和城乡社区发展的痛点问题、助力精准扶贫和乡村振兴，实现经济价值和社会价值的融合。

②注册或未注册成立公司的项目均可参赛。已完成工商登记注册参赛项目的股权结构中，企业法人代表的股权不得少于10%，参赛成员股权合计不得少于1/3。如已注册成立机构或公司，学生须为法人代表。

③师生共创的商业项目不能参加“青年红色筑梦之旅”赛道，可参加高教主赛道。

3. 职教赛道参赛组别解析

职业院校（含职业教育本科、高职高专、中职中专）学生（不含在职生）、国家开放大学学历教育学生（不超过30周岁）可以报名职教赛道。职教赛道分为创意组与创业组。

（1）创意组

①参赛项目具有较好的创意和较为成型的产品原型、服务模式或针对生产加工工艺进行创新的改良技术，在当年5月31日（含当日）前尚未完成工商登记注册。

②参赛申报人须为团队负责人，须为职业院校的全日制在校学生，或国家开放大学学历教育在读学生。

（2）创业组

①参赛项目在当年5月31日前已完成工商登记注册，且公司注册年限不超过5年。

②参赛申报人须为企业法人代表，须为职业院校全日制在校学生或毕业5年内的毕业生、国家开放大学学历教育在读学生或毕业5年内的毕业生。企业法人在大赛通知发布之日后进行变更的不予认可。

③已完成工商登记注册参赛项目的股权结构中，企业法人代表的股权不得少于10%，参赛成员合计不得少于1/3。

④学校科技成果转化的项目须参加创业组（不能参加创意组，科技成果的完成人、所有人中有参赛申报人的除外），允许将拥有科研成果的教师的股权与学生所持股权合并计算，合并计算的股权不得少于51%（学生团队所持股权比例不得低于26%）。教师持股比例大于学生团队持股比例的项目，只能参加高教主赛道师生共创组，不能报名参加职教赛道。

4. 萌芽赛道参赛组别解析

普通高级中学在校学生可报名萌芽赛道。参赛学生须为项目的实际成员，鼓励学生以团队为单位参加（团队成员原则上不超过 15 人），允许跨校组建团队。

参赛项目应紧密融合学习、生活、社会实践，能创造性地解决问题或提供解决思路，具有可预见的应用性与成长性，可以是各类中学生赛事获奖项目或作品（可参照教育部公布认可的中小学生全国性竞赛）。项目不只限于“互联网 +”项目，鼓励各类创新创业项目参赛。

参赛项目须真实、健康、合法，无任何不良信息，不得借用他人项目参赛。项目立意应弘扬正能量，践行社会主义核心价值观。

四、中国“互联网 +”大学生创新创业大赛各赛道评审规则（以第六届为例）

（一）高教主赛道评审规则

高教主赛道创意组项目评审要点

评审要点	评审内容	分值
创新性	1. 具有原始创新或技术突破，取得一定数量和质量的创新成果（专利、创新奖励、行业认可等）。 2. 在商业模式、产品服务、管理运营、市场营销、工艺流程、应用场景等方面取得突破和创新。	30
团队情况	1. 团队成员的教育、实践、工作背景、创新能力、价值观念、分工协作和能力互补情况。 2. 团队的组织构架、股权结构、人员配置以及激励制度合理性情况。 3. 创业顾问、投资人以及战略合作伙伴等外部资源的使用以及与项目关系的情况。	25
商业性	1. 商业模式设计完整、可行，项目已具备盈利能力或具有较好的盈利潜力。 2. 项目在商业机会识别与利用、产品或服务设计、技术基础、竞争与合作、资金及人员计划，以及在现行法律法规限制等方面具有实施的可行性。 3. 对行业、市场、技术等方面有翔实调研，并形成可靠的一手材料，强调实地调查和实践检验。 4. 项目目标市场容量及市场前景；发展战略和规模扩张策略的合理性和可行性；在财务管理（筹资、投资、营运资金、利润分配等）方面的合理性。 5. 项目对相关产业升级或颠覆的情况；项目与区域经济发展、产业转型升级相结合情况。	20
带动就业	1. 项目直接提供就业岗位的数量和质量。 2. 项目间接带动就业的能力和规模。	15
引领教育	1. 项目充分体现专业教育与创新创业教育的结合，体现团队成员所学专业知识和技能在项目和相关创新创业活动中的转化与应用。 2. 突出大赛的育人本质，充分体现项目成长对团队成员创新精神、创业意识和创新创业能力的锻炼和提升作用。	10

高教主赛道初创组、成长组项目评审要点

评审要点	评审内容	分值
商业性	1. 商业模式设计完整、可行，产品或服务成熟度及市场认可度。 2. 经营绩效方面，重点考察项目存续时间、营业收入（合同订单）现状、企业利润、持续盈利能力、市场份额、客户（用户）情况、税收上缴、投入与产出比等情况。 3. 成长性方面，重点考察项目目标市场容量大小及可扩展性，是否有合适的计划和可靠资源（人力资源、资金、技术等方面）支持其未来持续快速成长。 4. 现金流及融资方面，关注项目已获外部投资情况、维持企业正常经营的现金流情况、企业融资需求及资金使用规划是否合理。 5. 项目对相关产业升级或颠覆的情况；项目与区域经济发展、产业转型升级相结合情况。	30
团队情况	1. 团队成员的教育和工作背景、创新能力、价值观念、分工协作和能力互补情况，重点考察成员的投入程度。 2. 团队的组织构架、股权结构、人员配置以及激励制度合理性情况。 3. 创业顾问、投资人以及战略合作伙伴等外部资源的使用以及与项目关系的情况。	25
创新性	1. 具有原始创新或技术突破，取得一定数量和质量的创新成果（专利、创新奖励、行业认可等）。 2. 在商业模式、产品服务、管理运营、市场营销、工艺流程、应用场景等方面取得突破和创新。	20
带动就业	1. 项目直接提供就业岗位的数量和质量。 2. 项目间接带动就业的能力和规模。	15
引领教育	1. 项目充分体现专业教育与创新创业教育的结合，体现团队成员所学专业知识和技能在项目和相关创新创业活动中的转化与应用。 2. 突出大赛的育人本质，充分体现项目成长对团队成员创新精神、创业意识和创新创业能力的锻炼和提升作用。	10

高教主赛道师生共创组项目评审要点

评审要点	评审内容	分值
商业性（未注册公司）	1. 商业模式设计完整、可行，项目已具备盈利能力或具有较好的盈利潜力。 2. 项目在商业机会识别与利用、产品或服务设计、技术基础、竞争与合作、资金及人员计划，以及在现行法律法规限制等方面具有实施的可行性。 3. 对行业、市场、技术等方面有翔实调研，并形成可靠的一手材料，强调实地调查和实践检验。 4. 项目目标市场容量及市场前景；发展战略和规模扩张策略的合理性和可行性；在财务管理（筹资、投资、营运资金、利润分配等）方面的合理性。 5. 项目对相关产业升级或颠覆的情况；项目与区域经济发展、产业转型升级相结合情况。	30
商业性（已注册公司）	1. 商业模式设计完整、可行，产品或服务成熟度及市场认可度。 2. 经营绩效方面，重点考察项目存续时间、营业收入（合同订单）现状、企业利润、持续盈利能力、市场份额、客户（用户）情况、税收上缴、投入与产出比等情况。 3. 成长性方面，重点考察项目目标市场容量大小及可扩展性，是否有合适的计划和可靠资源（人力资源、资金、技术等方面）支持其未来持续快速成长。 4. 现金流及融资方面，关注项目已获外部投资情况、维持企业正常经营的现金流情况、企业融资需求及资金使用规划是否合理。 5. 项目对相关产业升级或颠覆的情况；项目与区域经济发展、产业转型升级相结合情况。	30
团队情况	1. 团队成员的教育和工作背景、创新能力、价值观念、分工协作和能力互补情况，重点考察师生分工协作、利益分配情况及合作关系稳定程度。 2. 项目的组织构架、股权结构、人员配置以及激励制度合理性情况。 3. 创业顾问、投资人以及战略合作伙伴等外部资源的使用以及与项目关系的情况。	25
创新性	1. 具有原始创新或技术突破，取得一定数量和质量的创新成果（专利、创新奖励、行业认可等）。 2. 在商业模式、产品服务、管理运营、市场营销、工艺流程、应用场景等方面取得突破和创新。	20
带动就业	1. 项目直接提供就业岗位的数量和质量。 2. 项目间接带动就业的能力和规模。	15
引领教育	1. 项目充分体现专业教育与创新创业教育的结合，体现团队成员所学专业知识和技能在项目和相关创新创业活动中的转化与应用。 2. 突出大赛的育人本质，充分体现项目成长对团队成员创新精神、创业意识和创新创业能力的锻炼和提升作用。	10

（二）红旅赛道评审规则

红旅赛道公益组项目评审要点

评审要点	评审内容	分值
项目团队	1. 团队成员的基本素质、业务能力、奉献意愿和价值观与项目需求相匹配。 2. 团队的组织架构与分工协作合理。 3. 团队权益结构或公司股权结构合理。 4. 团队的延续性或接替性。	20
公益性	1. 项目以社会价值为导向，以解决社会问题为使命，不以营利为目的，有可预见的公益成果，公益受众的覆盖面广。 2. 在公益服务领域有良好产品或服务模式。	20
实效性	1. 项目对精准扶贫、乡村振兴和社区治理等社会问题的贡献度。 2. 在引入社会资源方面对农村组织和农民增收、地方产业结构优化等的效果。 3. 项目对促进就业、教育、医疗、养老、环境保护与生态建设等方面的效果。	20
创新性	1. 鼓励技术或服务创新、引入或运用新技术，鼓励高校科研成果转化。 2. 鼓励组织模式创新或进行资源整合。	20
可持续性	1. 项目的持续生存能力。 2. 创新研发、生产销售、资源整合等持续运营能力。 3. 项目模式可复制、可推广、具有示范效应等。	10
引领教育	1. 项目充分体现专业教育与创新创业教育的结合，体现团队成员所学专业知识和技能在项目和相关创新创业活动中的转化与应用。 2. 突出大赛的育人本质，充分体现项目成长对团队成员创新精神、创业意识和创新创业能力的锻炼和提升作用。	10
必要条件	参加由学校、省市或全国组织的“青年红色筑梦之旅”活动，符合公益性要求。	

红旅赛道商业组项目评审要点

评审要点	评审内容	分值
项目团队	1. 团队成员的基本素质、业务能力、奉献意愿和价值观与项目需求相匹配。 2. 团队的组织架构与分工协作合理。 3. 团队权益结构或公司股权结构合理。	20
实效性	1. 项目商业模式设计完整、可行，产品或服务对精准扶贫、乡村振兴和社区治理等社会问题的贡献度。 2. 在引入社会资源方面对农村组织和农民增收、地方产业结构优化的效果。 3. 项目对促进文化、教育、医疗、养老、环境保护与生态建设等方面的效果。 4. 项目的成长性与区域经济发展、产业转型升级相结合。	20
创新性	1. 鼓励技术或服务创新、引入或运用新技术，鼓励高校科研成果转化。 2. 鼓励在生产、服务、营销等方面创新。 3. 鼓励组织模式创新或进行资源整合。	20
可持续性	1. 项目的持续生存能力。 2. 经济价值和社会价值适度融合。 3. 创新研发、生产销售、资源整合等持续运营能力。 4. 项目模式可复制、可推广，具有示范效应。	15
带动就业	1. 项目直接提供就业岗位的数量和质量。 2. 项目间接带动就业的能力和规模。	15
引领教育	1. 项目充分体现专业教育与创新创业教育的结合，体现团队成员所学专业知识和技能在项目和相关创新创业活动中的转化与应用。 2. 突出大赛的育人本质，充分体现项目成长对团队成员创新精神、创业意识和创新创业能力的锻炼和提升作用。	10
必要条件	参加由学校、省市或全国组织的“青年红色筑梦之旅”活动。	

（三）职教赛道评审规则

职教赛道创意组项目评审要点

评审要点	评审内容	分值
创新性	1. 具有原始创意、创造。 2. 具有面向培养“大国工匠”与能工巧匠的创意与创新。 3. 项目体现产教融合模式创新、校企合作模式创新、工学一体模式创新。 4. 鼓励面向职业和岗位的创意及创新，侧重于加工工艺创新、实用技术创新、产品（技术）改良、应用性优化、民生类创意等。	30
团队情况	1. 团队成员的教育、实践、工作背景、创新能力、价值观念、分工协作和能力互补情况。 2. 团队的组织构架、股权结构、人员配置以及激励制度合理性情况。 3. 创业顾问、投资人以及战略合作伙伴等外部资源的使用以及与项目关系的情况。	25
商业性	1. 商业模式设计完整、可行，项目已具备盈利能力或具有较好的盈利潜力。 2. 项目在商业机会识别与利用、产品或服务设计、技术基础、竞争与合作、资金及人员计划，以及在现行法律法规限制等方面具有实施的可行性。 3. 对行业、市场、技术等方面有翔实调研，并形成可靠的一手材料，强调实地调查和实践检验。 4. 项目目标市场容量及市场前景；发展战略和规模扩张策略的合理性和可行性；在财务管理（筹资、投资、营运资金、利润分配等）方面的合理性。 5. 项目对相关产业升级或颠覆的情况；项目与区域经济发展、产业转型升级相结合情况。	20
带动就业	1. 项目直接提供就业岗位的数量和质量。 2. 项目间接带动就业的能力和规模。	15
引领教育	1. 项目充分体现专业教育与创新创业教育的结合，体现团队成员所学专业知识和技能在项目和相关创新创业活动中的转化与应用。 2. 突出大赛的育人本质，充分体现项目成长对团队成员创新精神、创业意识和创新创业能力的锻炼和提升作用。	10

职教赛道创业组项目评审要点

评审要点	评审内容	分值
商业性	1. 商业模式设计完整、可行，产品或服务成熟度及市场认可度。 2. 经营绩效方面，重点考察项目存续时间、营业收入（合同订单）现状、企业利润、持续盈利能力、市场份额、客户（用户）情况、税收上缴、投入与产出比等情况。 3. 成长性方面，重点考察项目目标市场容量大小及可扩展性，是否有合适的计划和可靠资源（人力资源、资金、技术等方面）支持其未来持续快速成长。 4. 现金流及融资方面，关注项目已获外部投资情况、维持企业正常经营的现金流情况、企业融资需求及资金使用规划是否合理。 5. 项目对相关产业升级或颠覆的情况；项目与区域经济发展、产业转型升级相结合情况。	30
团队情况	1. 团队成员的教育和工作背景、创新能力、价值观念、分工协作和能力互补情况，重点考察成员的投入程度。 2. 团队的组织构架、股权结构、人员配置以及激励制度合理性情况。 3. 创业顾问、投资人以及战略合作伙伴等外部资源的使用以及与项目关系的情况。	25
创新性	1. 具有原始创意、创造。 2. 具有面向培养“大国工匠”与能工巧匠的创意与创新。 3. 项目体现产教融合模式创新、校企合作模式创新、工学一体模式创新。 4. 鼓励面向职业和岗位的创意及创新，侧重于加工工艺创新、实用技术创新、产品（技术）改良、应用性优化、民生类创意等。	20
带动就业	1. 项目直接提供就业岗位的数量和质量。 2. 项目间接带动就业的能力和规模。	15
引领教育	1. 项目充分体现专业教育与创新创业教育的结合，体现团队成员所学专业知识和技能在项目和相关创新创业活动中的转化与应用。 2. 突出大赛的育人本质，充分体现项目成长对团队成员创新精神、创业意识和创新创业能力的锻炼和提升作用。	10

（四）萌芽赛道评审规则

评审要点	评审内容	分值
创新性	1. 项目的想象力和创造力，就发现的问题和解决途径进行创意设计，创意设计过程符合客观规律。 2. 科技创意证据充分，有足够的科学研究参与度（调查、实验、制作、验证等）。 3. 文化创意逻辑清晰、完整，调研和分析数据充分。	40
实践性	1. 项目的可行性、应用性和完整性。 2. 项目具备可执行的计划或实践方案。 3. 项目具有可预见价值，能够让未来的生活更美好。	20
自主性	1. 项目符合团队成员年龄段的知识结构和实施项目能力。 2. 项目选题、创意模式构建主要由学生提出和完成。 3. 团队成员能够准确表述项目内容及原理，真实可信。 4. 涉及科技成果和专利发明的，需提供证明材料或授权证明材料。	20
团队情况	1. 团队成员的创新精神和创新意识与能力。 2. 项目团队成员的教育背景、基本素质、价值观念、知识结构、擅长领域。 3. 团队构成和分工协作合理。	20

五、“挑战杯”竞赛

“挑战杯”竞赛在中国共有两个并列项目，一个是“挑战杯”全国大学生课外学术科技作品竞赛，简称“大挑”；另外一个并行赛事则是“挑战杯”中国大学生创业计划竞赛，简称“小挑”。

“大挑”注重学术科技发明创作带来的实际意义与特点，参赛作品可以是科研成果、科技发明创造、社会调查报告。“大挑”注重学术科技发明创作带来的实际意义与特点，考察学生的科技创新能力、对社会问题的关注及其分析解决问题的能力。

所以目前，我们通常称的挑战杯是“挑战杯”全国大学生系列科技学术竞赛的简称，是由共青团中央、中国科协、教育部和全国学联共同主办的全国性的大学生课外学术实践竞赛，竞赛官方网站为 http://www.tiaozhanbei.net/。

“大挑”比赛证书盖共青团中央、中国科协 、教育部 、全国学联、举办地人民政府的章。

“小挑”相较“大挑”而言，更注重市场与技术服务的完美结合，商业性更强。自 2014 年起，在原有“挑战杯”中国大学生创业计划竞赛的基础上，开展“创青春”全国大学生创业大赛，每两年举办一次。大赛宗旨在于培养创新意识、启迪创意思维、提升创造能力、造就创业人才。“小挑”下设大学生创业计划竞赛，即“挑战杯”中国大学生创业计划竞赛、创业实践挑战赛、公益创业赛 3 项主体赛事。

大学生创业计划竞赛面向高等学校在校学生，以商业计划书评审、现场答辩等作为参赛项目的主要评价内容。

创业实践挑战赛面向高等学校在校学生或毕业未满 3 年的高校毕业生，且应已投入实际创业 3 个月以上，以盈利状况、发展前景等作为参赛项目的主要评价内容。

公益创业赛面向高等学校在校学生，以创办非营利性质社会组织的计划和实践等作为参赛项目的主要评价内容。全国组织委员会聘请专家评定出具备一定操作性、应用性以及良好市场潜力、社会价值和发展前景的优秀项目，给予奖励；组织参赛项目和成果的交流、展览、转让活动。

拓展训练

小组讨论：假如你将报名参加中国国际“互联网 +”大赛，那么你的项目属于哪个类型的项目，应该报名参加哪个赛道的哪一组别呢?

项目三

如何挖掘好项目参加大赛

案例导入

“互联网 +”大赛金奖项目案例：广州番禺职业技术学院的智能点胶机器人

该项目荣获第五届中国“互联网 +”大学生创新创业大赛职教赛道金奖。该项目由 8 位同学共同完成，聚焦当前 LED 行业，重点解决透镜贴装工序点胶机定位编程问题。“智能点胶机器人”项目成功通过了广东省光电技术协会在广州组织的成果鉴定。项目提出了一种简化的相机系统标定数学模型，可以实现短焦镜头下大视野图像的准确，快速畸变校正。避免了手工教学编程方法造成的停顿痛苦的问题，并克服了图像拼接模板匹配方法存在目标缺陷多的缺点，整体技术达到国内领先水平。

（一）项目概述

智能点胶机器人是人工智能发展的一个重要点，作为一个研究团队，广州番禺职业技术团队旨在创新，针对一些目前点胶机的技术问题给出有效的解决方案。在停工损失方面，给出了有关技术解决、无须停产、降低人工要求、减少劳动力投入和降低机器维修率的有效的解决措施，为行业的技术发展做贡献。

（二）市场分析及定位

点胶机市场需求数量逐年增加，2017 年我国点胶机行业市场需求量约 28.2 万台，广泛应用于市场中。项目的目标市场是照明行业。项目将目标市场设定为三级，并将一级市场放在了中山镇的 LED 行业，在政策支持、法律推动、经济迅速发展、社会迫切需求和技术日趋成熟的基础上，基于SWOT分析，所掌握的点胶机的高水平技术，对于打入市场有着自身特有的优势。对已在市场上的生产智能点胶机的公司，我们将采取提升平台提供的服务，加强技术开发，保护核心技术，提高自身品牌效应等措施加以应对。

（三）商业模式

将“迅速，精准，不停产，高性价比”作为产品定位，提供上门安装与操作教学服务，做好质量与售后保证与公共关系管理，打造知名度与美誉度，树立口碑；更会以高性价比为基础，推出比同行业更为低廉的价格；以上门推销，展会展览的线下策略与工厂仪器设备采购或测评的网站进行广告与推广。通过专门定制，让厂家直销与电商预定。

（四）财务分析

点胶机将预测销售300万台。一台点胶机成本大约为8万，售价15万。预测利润为2100万。

（五）风险控制

全智能点胶机器人作业过程中总会出现一些不可抗拒的风险。对于风险，项目组预测了一些确定性风险的分析，例如风险管理、财务风险和社会风险。同时也对一些不确定性风险做出了分析，例如市场上的市场供求关系、市场竞争、技术风险、融资风险和竞争风险等的风险防御与降低决策。

（案例来源于网络）

问题探索：什么样的项目才能在创新创业竞赛中走得更远呢？

核心知识

一、如何挖掘优秀的项目参赛

（一）优秀大赛项目的特征

大学生参加大赛，从校赛到省赛再到国赛，会产出一批优秀的大赛项目。所谓优秀的项目就是指质量高的、优秀的项目，可塑性强，可发展的潜力大，具体体现在以下几个方面。

视频讲解

1. 项目有市场需求与空间

好的项目应是有一个足够大的、有可持续性发展的且能引领未来社会趋势的项目。

2. 项目有核心技术与能力

大赛鼓励大学生结合自身专业特长开展科技创新创业活动，鼓励将师生科研成果转化成实际项目。项目要可落地，还要有可持续性和可复制性。核心技术最容易被检测到的就是是否有申请专利。

3. 有一支优秀的创业团队

一支优秀的创业团队包括创始人、合伙人、创业团队。创业项目不管处于哪种创业阶段，创始人和初始团队都是非常重要的。在大赛的评审规则中，创意组、初创组和成长组的团队权重均为 30%。团队要注意以下几点。

（1）团队组织结构是否合理（专业人做专业事）。

（2）团队价值观是否统一。任何一个具体的部分，归根到底是要服务整体的。任何项目的完成，是要对组织的使命有贡献。

（3）团队的互补性及协同能力、沟通合作能力。做任何事情归根到底首先是要有共识，没有共识就没有办法做。其次要合作。什么叫要合作？就是优势互补，每个人都要做最合适、最能干好的事情。

（4）系统策划能力。知道了该干什么？这个事情的生命周期、打交道的对象、生存的环境，这里面应有一个系统策划。

（5）资源整合能力。有了资源接下来就是操作的问题了。

（6）制度设计能力。要通过有效的制度设计将各方的力量整合起来。

（7）应急、应变能力。因为事情总不会像我们想象的那样，总是在变化的，整个团队都要有危机意识感。因为世界千变万化，有太多的不确定性，要因变化而变，比如 2020 年突如其来的新冠肺炎疫情，面对不能出门，各大商家只能采用线上销售模式。

（二）优秀项目的主要来源

好的项目来源，代表着项目的基因或底子比较好，我们常说“好的开始，是成功的一半”。对于大赛的组织备赛工作，这个“好的开始”，就是更多地从项目源头做工作，更多地从项目起源、项目最初构思的角度去思考、去谋划。好的项目来源于以下几方面。

1. 科创融合：科技创新与发明创造（科研转化成果）

大赛一直提倡并切实助力高校科技成果向产品、产业侧进行转化，结合相关成果的领先性、成果对应的产业方向的市场容量、宏观环境以及该成果目前产业化尝试的落地程度这三个方面进行转化。据统计，过往四届大赛，共带动累计超过 10 万件专利进行转化，这类项目通常以“师生共创”作为通常的团队组建方式，其转化的产品所服务的产业方向具备较大的市场空间和想象力，同时其转化的产品因为有核心领先技术因而具备很强的技术创新性或领先性。

这类项目在大赛金奖项目（尤其是总冠军项目中）里面的占比很高，基本一直在50%左右。其中主赛道创意组的国赛金奖项目中这类项目的占比可能会比这个均值更高。

这几年大赛中让人印象深刻的科转项目举不胜举，如初创组的中云智车（第四届总冠军）。

2. 专创融合：院校优势学科与专业的项目

与自己所学的专业知识相结合，充分发挥和运用专业优势和优势专业进行项目的创意和实践，这也是大赛一直提倡的“专创融合”的大赛精神。科创融合其实也是专创融合的范畴，只是一般特指理工医科类专业，而且这类项目在金奖中占比较高，因此单独作为一类来介绍。对于第二类来源的专创融合，我们这里重点特指不同于科创融合的，非重大技术创新型的“硬科技”双创项目。大赛并不只是“硬科技”的舞台，相关赛道和项目类型的规则设计使得众多非重大技术创新型的“软实力”项目也有机会展示自己的风采。如：

- 如你所见、三昧动漫（吉林动画学院的两个金奖项目）——学校文创方向。
- 缘蜜（江西外语外贸职业学院的金奖项目）——学校电子商务专业。
- 掘金三板（对外经济贸易大学的金奖项目）——学校金融专业。

专创融合：院校优势学科与专业项目

3. 自发创造：团队成员“敢闯会创”，能力突出的项目

自发创造不同于科创融合和专创融合，基本没有直接可依托的科技成果或专业优

势，更多是依靠项目核心团队成员（如创始人、联合创始人等）基于自身对行业、对市场的研究、洞察和思考，然后自己“白手起家”。

如：OFO 小黄车（第二届季军）的创始人戴威不是学的共享经济专业，北大也没有现成的跟共享单车相关的科技成果；OFO 小黄车是全球第一个无桩共享单车出行解决方案，首创“单车共享”模式。用户只需在微信服务号或 App 输入车牌号，即可获得密码解锁用车，随取随用，随时随地，随时可还。

4. 家族传承：基于家族产业的继承与创新

这一来源有各地中医馆的第 N 代传人、花商二代、卤鸭二代、面粉产业二代等。目前高校学生这一代的父母以 20 世纪 70 年代左右人士为主，这个年代的父母基本是目前社会的中坚力量，完整见证了改革开放的整个过程。有些父母可能抓住改革开放的机会开创了自己的事业，并做得不错，成为家族产业的第一代，因此就会考虑是否让第二代也参与到家族产业里面来，或者让其逐步接管，或者让其在现有基础上去延伸和开拓新的业务版块。这样的项目在中国经济发展最活跃的京津冀、长三角、珠三角及沿海等地区相对比较容易见到。期待当代大学生利用自己所学，在传承家族产业的基础上，注入新的元素和动能。

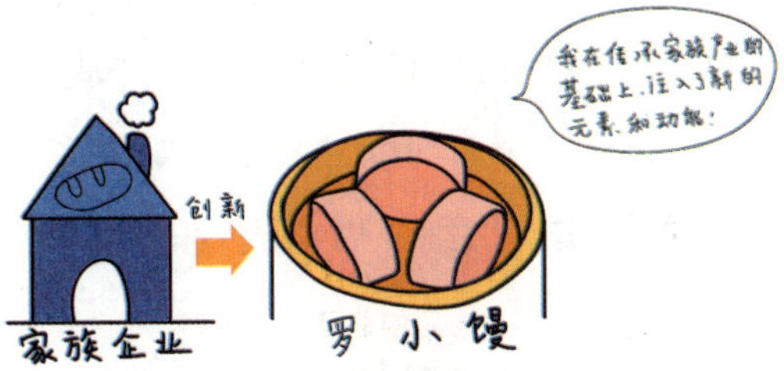

家族传承：基于家族产业的继承与创新

如：罗小馒的红糖馒头，江湖人称“馒头哥”，获得了 2017 年第三届中国“互联网 +”大学生创新创业大赛国赛金奖、最佳带动就业奖。该项目负责人是云南大学滇池学院 2014 级经济管理学院本科学生罗三长，因为家庭原因，从初中就开始做各种兼职，直到进入滇池学院，依然在快餐店打工；大二时，与该店的老板一起创业开始做红糖馒头，结果一不小心，成了云南最火的红糖馒头。

创业头一年，红糖馒头的销售额就达到 1.25 亿元，产生利润 1200 万元，直接带动大学生、下岗职工 1312 人就业。在线下实体店取得成功后，罗三长还开通了微信公众号，通过网络进行售卖。现在，罗三长的红糖馒头直营店加上加盟店已经有 142 家，仅昆明就有 70 多家，省内其他州市和广西、贵州都开了店。以每个门店每天要销售 1200~1500 个馒头来算，仅是一天的时间就能制作 195 000 个馒头，每个馒头的售价为 1.5 元，如此一来所有门店每天的流水就能达到 292 500 元。这就是“红糖馒头”带给大家的惊喜。

5. 社会实践：以此为基础进行思考和转化

在大学读书期间，社会实践是很多在校学生与社会发生联系很重要的一种途径。因此，在大赛中看到很多项目，尤其是公益创业类、青红赛道类的项目都来自于社会实践。作为参赛项目，可以来源于社会实践，但需区别于社会实践。两者的差异在于以下几方面。

作为参赛项目，不管是公益类还是青红赛道，核心是创业，首先需要考虑的是项目的独立性和完整性，需要考虑如何养活自己的团队，让自己的项目持续运转下去。而这些要点都不是社会实践项目需要考虑的问题。因此，来源于社会实践的项目，需要积极地转变思维，从更全面的角度思考和深化自己的项目。

例如，厦门大学的“我知盘中餐——大数据精准助农平台”项目荣获第四届中国“互联网 +”大学生创新创业大赛“青年红色筑梦之旅”赛道金奖。

每年暑期，“我知盘中餐”项目团队都会组织实践队奔赴革命老区和贫困地区，依托“我知盘中餐”平台开展红色筑梦之旅精准扶贫和振兴乡村实践活动，通过高校、企业、学校平台联合进行电商扶贫，利用大学生的知识和智慧，对农村地区原生态产品，从生产、包装设计、品牌策划及市场营销等方面，进行全方位的指导和帮助，有效地解决了很多高校实践团队由于没有自己的平台而难以把电商扶贫做实、做细、做出成效的问题。

6. 产创融合：与当地产业或区域发展相结合

大赛通知文件的“大赛目的与任务”中提到：以赛促教，探索素质教育新途径。把大赛作为深化创新创业教育改革的重要抓手，引导各地各高校主动服务国家战略和区域发展；充分地发现区域机会，结合区域特点、发挥区域优势、满足区域需求，助力区域发展，通过助力区域发展，最终助力自身项目或企业的发展。这是一个如何发掘和利用“大环境”优势的命题。

如：采薇民绣（第一届金奖）——获得金奖的云南大学滇池学院“采薇民绣”项目，通过“互联网＋非物质文化遗产（刺绣）”的思路，将藏在深山人未识的云南民族刺绣“跨界”到互联网平台上，开创了一条“政府（非物质文化遗产保护性开发）＋高校（产品研发中心）＋公司（销售平台）＋绣娘（产品生产）”的现代化民族刺绣产业链。

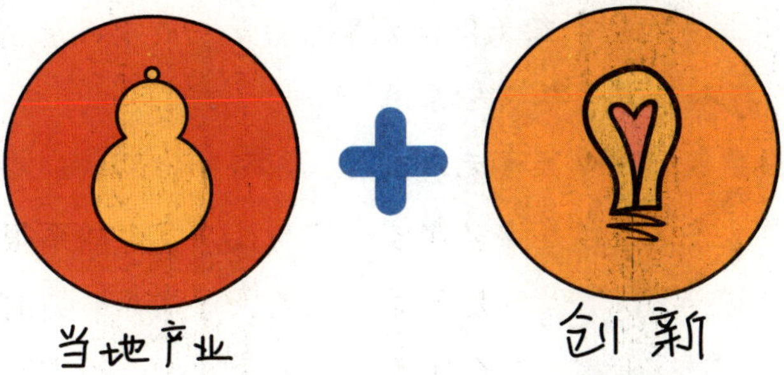

产创融合：与当地产业或区域发展相结合

【金奖案例】清华大学交叉双旋翼复合推力尾桨无人直升机项目

一、情况介绍

此项目以1250分的成绩夺得第五届中国“互联网＋”大学生创新创业大赛总冠军。

清航装备是一家致力于先进无人飞行器研发的科技企业，公司于2015年年底由清华大学的博士团队创立，是一家高新企业，近3年3轮融资1.2亿元，获得专利69项，基地占地100亩，空域52.7万亩；提出世界首架交叉双旋翼复合推进无人直升机，受到我军该领域首个装备科研支持，并纳入全军武器系统采购网。旗下有交叉双旋翼武装无人直升机、系留无人直升机、仿生人工智能飞行器等多款产品，型号研制列入十四五规划，2019年企业采购订单约2000万。

二、团队的考验

清航装备的创始人是李京阳，他出生于1987年，但已经是博士生导师，教授（专业技术三级）。他是清华大学全国优秀博士，曾获清华大学优秀博士毕业生（2015）、优秀博士学位论文一等奖（2015），是国家自然科学基金，中国博士后科学基金面上和特别资助获得者，也是我国最年轻直-8G、直-10、直-××军用直升机型号研制及定型评审组专家。主持国家自然科学基金成果研究入选MIT Technology Review评论。李京阳身上有很多标签，“大神级”的科学家创业者，“87年的博导”，集各种“最年轻”于一身。

在这次参加比赛，团队进行了上百次的实验，失败了很多次才成功一次。为了检验飞机在各种极端气候环境下的性能，团队经常要跟着飞机上天入地去实地试验，从南到北，从平地沿海到山川高原，从严寒到干热。一款飞机从下线到正式定型，至少需要一年的试飞，来保证产品的可靠性。

在创业的过程中，他还是个技术的“细节控”，科研、项目、创业，在无人直升机领域一脉相承地做下来。本着对专业领域的了解，他不断跟进技术发展趋势，目前，清航装备已经在技术上构筑起了三大核心竞争力：第一是交叉双旋翼的构型设计，第二是刚性旋翼，第三是高性能电传飞控系统。

（案例来源：央广网，清华大学无人直升机团队：坚信我们可以改变世界）

交叉双旋翼加推力尾桨是我们无人直升机最大的亮点，交叉旋翼载重高，推力尾桨速度快。以前，只有美国的洛克希德·马丁公司有交叉旋翼，但现在我们不仅也有了，还加了推力尾桨，又有载重优势又有速度优势，团队创造出了世界首架交叉双旋翼复合推力尾桨无人机，并自主研发了与之匹配的飞控系统。

李京阳和团队创新性地提出了交叉双旋翼无人直升机，改变了传统无人直升机用旋翼同时提供动力和推力的方式，增加了一个提供推力的尾翼，极大地提升了航程和负载量，最高可以载重5吨，相当于一辆小型装甲车。

二、参加“互联网+”大赛常见问题

学完了大赛背景、大赛解读，看了参赛要准备的材料后，我们再学习一下参赛时常见的一些问题。

问题1. 大赛的参赛顺序是什么样的（大赛赛制）？

答：大赛采用二级学院选拔，校赛初赛、省级复赛、全国总决赛三级赛制。校级初赛由各高校负责组织，省级复赛由各省（区、市）负责组织，全国总决赛由各省（区、市）按照大赛组委会确定的配额择优遴选推荐项目。

问题2. 报名参赛应该准备什么材料？

答：报名参赛的流程以及需要提供的材料，可以参考全国大学生创业服务网首页

→下载资料→《学生操作手册》。材料包需准备以下资料。

（1）商业计划书 Word 版。

（2）商业计划书 PPT 版（10 分钟汇报，用于网评评审和比赛现场）。

（3）VCR，一分钟视频（一般到了省赛、国赛比赛现场才用）。

问题 3. 如何报名参赛？

答：参赛团队可通过“全国大学生创业服务网”或微信公众号（名称为“全国大学生创业服务网”或“中国‘互联网 +’大学生创新创业大赛”）任一方式进行报名。报名系统开放时间具体看当年文件。在网上报名后，参赛团队还应向项目负责人所在学院的大赛组织老师报名并提交资料（项目申报表、项目商业计划书等），用于学校进行资格审查，否则无法参与校赛初赛。

问题 4. 项目团队的人数有何限制？

答：每个团队的参赛成员不少与 3 人（含项目创始人），须为项目的实际成员。团队成员上限暂无限制，项目可根据自身情况添加团队成员。参加全国总决赛现场赛的参赛成员应为 3~5 人（含项目创始人）。

问题 5. 项目团队的指导老师有何限制？

答：大赛不要求团队一定要有指导老师，并且人数上没有限制。建议项目团队在与老师沟通后自行决定是否添加指导老师。

问题 6. 可以跨校、跨学院报名参赛吗？

答：可以跨校、跨学院报名参赛，但以项目负责人所在学校算比赛成绩。

问题 7. 在大赛系统报名后还可以修改资料吗？

答：（1）如果需要更改项目名称，必须将项目删除，重新创建新的项目。（如果项目已通过审核进入校赛或者省赛，删除后项目会回到待审核状态，请谨慎操作。删除项目前须及时和学校或者省里联系，以便在删除项目后，重新申报的项目可以再次进行审核，以免影响项目参赛）。

（2）如果已经通过校赛或省赛审核不能修改，项目名称和项目负责人都不能修改了。但在省赛系统关闭前可以修改团队成员、商业技术书、PPT 资料；修改项目计划书可以直接在项目里重新上传（项目计划书名称为系统默认，重新上传后可以下载计划书查看是否修改成功）。

问题 8. 一个人可以报多个项目吗？一个公司可以报多个项目参赛吗？

答：一个人只可以作为一个项目的项目负责人、同一个可以作为多个项目的成员参赛，但最多只能报 3 个项目；而作为已成立公司的，参赛申报人须为企业法人代表，故一个公司只能申报一个项目。

问题 9. 项目可以参加多个赛道吗？

答：项目只能选择参加一个赛道进行报名参赛，具体要求详见大赛通知。

问题 10. 项目负责人如何添加团队成员？

答：团队成员应先在全国大学生创业服务网上进行注册，并验证个人学籍信息。验证通过后，项目负责人可通过搜索团队成员“姓名 + 手机号”进行添加，并且需要相应的团队成员在个人中心“消息”板块点击确认，方可添加成功。请使用谷歌或 360 浏览器进行添加。

问题 11. 项目计划书有格式要求吗？

答：技术书格式为 PDF、Word，不超过 20MB，文件数量限一个。

问题 12. 创建的项目一直处于待审核的状态，是怎么回事？

答：以种状态表示你的项目已进入学校的审核，请耐心等待。建议联系各二级学院大赛联络员跟进审核情况，不要影响项目参赛。

拓展训练

登录“全国大学生创业服务网”（https://cy.ncss.cn/）或微信公众号，了解更多中国国际“互联网＋”大赛的比赛信息，准备项目申报书等备赛材料。

参考文献

[1] 苏朝晖 . 客户关系管理：理念、技术与策略 [M]. 北京：机械工业出版社，2012.

[2] 亚历山大・奥斯特瓦德（Alexander Osterwalder），伊夫皮尼厄 (Yves Pigneur). 商业模式新生代 [M]. 毛心宇，严威，王帅，译 . 北京：机械工业出版社，2013.

[3] 孙洪义 . 创新创业基础 [M]. 北京：机械工业出版社，2016.

[4] 师建华，黄萧萧 . 创新思维开发与训练 [M]. 北京：清华大学出版社，2019.

[5] 王亚非，梁成刚，胡智强 . 创新思维与创新方法 [M]. 北京：北京理工大学出版社，2018.

[6] 胡海波 . 创业计划 [M]. 厦门：厦门大学出版社，2011.

[7] 汤历漫 . 从创意到创业：大众创业全流程思维、方法与案例 [M]. 北京：中国经济出版社，2017.

[8] 巴林杰 . 创业计划 : 从创意到执行方案 [M]. 陈忠卫，等，译 . 北京：机械工业出版社，2009.

[9] 埃里克・莱斯 . 精益创业 [M]. 张玳，译 . 北京：中信出版社，2012.

[10] 杨瑜玲，牟妮，陈东华 . 江小白品牌营销策略研究 [J]. 黑龙江科学，2018，9(17):12–13.

[11] 朱燕空 . 创业学什么: 人生方向设计、思维与方法论 [M]. 北京: 国家行政学院出版社，2016.